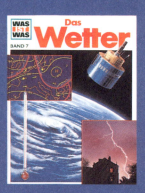

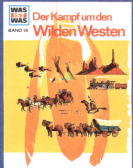

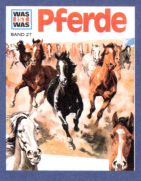

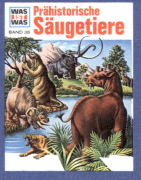

Weitere Titel siehe letzte Seite.

Ein WAS IST WAS Buch

Mumien

Von Prof. Wolfgang Tarnowski

Illustriert von Jörg Drühl und Frank Kliemt

Tessloff Verlag

Vorwort

In neuerer Zeit haben sich Wissenschaftler ganz unterschiedlicher Fachrichtungen verstärkt der Mumienforschung zugewandt. Die Gründe dafür sind vielfältig. Zum einen hat man in vielen Teilen der Welt eine Reihe neuer Funde gemacht, die nicht nur in Fachkreisen Aufsehen erregt haben. Zum anderen stehen der Forschung heute verfeinerte Untersuchungsmethoden und Techniken zur Verfügung, die den bisher gängigen weit überlegen sind. Methoden, mit denen ältere Befunde teils bestätigt, teils widerlegt und neue, oft gänzlich unerwartete Erkenntnisse gewonnen wurden. Schließlich hat sich in der Mumienforschung eine Organisationsform herausgebildet, die auch in vielen anderen Forschungsbereichen immer mehr an Bedeutung gewinnt: die fachübergreifende Zusammenarbeit von Geistes- und Naturwissenschaftlern an gemeinsamen Aufgaben. Ein Beispiel dafür ist das erfolgreiche Mumienprojekt der Universität Manchester, wo unter der Leitung einer Ägyptenforscherin Sprach-, Kunst und Religionswissenschaftler, Ärzte und Zahnärzte, Zoologen, Botaniker und andere Spezialisten nach vorheriger Absprache und Planung gemeinsam an bisher ungelösten Problemen des ägyptischen Mumienwesens arbeiten.

Schnitt durch eine alt-peruanische Hockermumie aus Ancón mit Stoffumhüllung und Scheinkopf. Näheres darüber ab Seite 41.

Dieses WAS IST WAS-Buch beschreibt die Welt der Mumien anhand ausgewählter Beispiele aus aller Welt. Es zeigt, warum Mumien für die geschichtliche und völkerkundliche Forschung so interessant sind. Und es verdeutlicht, daß das Mumienwesen stets eng verknüpft ist mit den Vorstellungen der Menschen vom Wesen des Todes und mit ihren Hoffnungen auf ein Weiterleben im Jenseits.

WAS IST WAS, Band 84

■ Dieses Buch ist auf chlorfrei gebleichtem Papier gedruckt.

Bildquellennachweis:
Andreas Verlag, Salzburg (S. 22), Archiv f. Kunst u. Geschichte, Berlin (S. 29 u. l.), I. Asmus, Konstanz (S. 35 u. r.), Bildarchiv Preuß. Kulturbesitz, Berlin (Umschlag o./u. r., S.28, 29 o., 39), British Museum, London (S. 9, 37, 38 u.), Grönland Landesmuseum, Nuuk (S. 6, 7), Photo Hachette, Paris (S. 27 o.), Kapuziner Kloster, Palermo (S. 13, 14, 15), L. Klimek, Worpswede (S. 11 o.), Musée Beaux Arts, Bruxelles (S. 38), Musée Carnavalet, Paris (S. 5), Nationalmuseum, Kopenhagen (S. 19 o./u.), Office de Tourisme, Lourdes (S. 16), Roemer- u. Pelizaeus-Museum, Hildesheim (S. 27 u.), R. Rolle, Göttingen (S. 21), St. Gildard, Nevers (S. 17), Dr. Shedid, München (S. 35 o.), Staat. Sammlung Ägypt. Kunst, München (S. 35 u. l.), W. Tacke, Bremen (S. 10, 11 u.), W. Tarnowski, Hamburg (S. 20), E. Thiem, Kaufbeuren (S. 25 o./u.), Verlag Herder, Freiburg (S. 8), Verlag Zabern, Mainz (S. 24, 29 u. m./u. r., 36)

Copyright © 1988 Tessloff Verlag · Nürnberg
Die Verbreitung dieses Buches oder von Teilen daraus durch Film, Funk oder Fernsehen, der Nachdruck und die fotomechanische Wiedergabe sind nur mit Genehmigung des Tessloff Verlages gestattet.

ISBN 3-7886-0424-7

Inhalt

Natürliche Mumien

Wie rasch zerfällt der Körper eines Toten?	4
Warum zerfällt ein Leichnam nach dem Tode?	5
Wie können natürliche Mumien entstehen?	5
Wo findet man die meisten Eismumien?	7
Gibt es Eismumien auch außerhalb der Polargebiete?	8
Wo hat man die ältesten natürlichen Trockenmumien gefunden?	9
Können Trockenmumien auch in feuchten Gegenden entstehen?	10
Wo liegen in Europa die eindrucksvollsten Mumiengrüfte?	12
Wie sieht die Kapuzinergruft von Palermo heute aus?	13
Wie entstand die Kapuzinergruft von Palermo?	13
Wie entwickelte sich die Kapuzinergruft von Palermo in späterer Zeit?	15
Was hat es mit der Mumie der Heiligen Bernadette auf sich?	16
Was sind Moorleichen?	18
Wie kamen die Moorleichen ins Moor?	19

Künstliche Mumien

Warum mumifizierten Völker und Kulturen ihre Toten?	20
In welchen Teilen der Welt wurden Verstorbene mumifiziert?	21

Mumien im Alten Ägypten

Welches sind die Epochen der ägyptischen Geschichte?	23
Warum mumifizierten die Ägypter ihre Toten?	23
Wie entwickelte sich die Kunst der Mumifizierung im Alten Ägypten?	25
Wie erfolgte im Neuen Reich die eigentliche Mumifizierung?	26
Was geschah mit dem Toten nach der Mumifizierung?	27
Wie wurde die fertige Mumie „wiederbelebt"?	30
Wie sah das älteste Mumiengrab der Ägypter aus?	32

Wie entstanden die Pyramiden?	33
Welches Mumiengrab gab es neben Mastaba und Pyramide?	34
Wie verbrachte die Mumie im Grab ihre Tage?	35
Nahm die Mumie auch Anteil an der Außenwelt?	37
Wie gelangten die Verstorbenen vor das Totengericht?	37
Wie lebten die Gerechtfertigten im Götterhimmel?	38

Außenansicht eines alt-peruanischen Mumien-bündels mit Scheinkopf. Auch dieser Fund stammt aus dem berühmten Totenfeld von Ancón.

Mumien im Alten Peru

Was versteht man unter dem „Alten Peru"?	40
Wo wurde der älteste Mumienfriedhof Alt-Perus ausgegraben?	41
Wo lag der größte Mumienfriedhof des Alten Peru?	43
Wer waren die Inkas?	44
Wie mumifizierten die Inkas ihre Toten?	46
Wie wurden die Inka-Mumien beigesetzt?	46
Wie traten die Inka-Mumien in der Öffentlichkeit auf?	47
Wo sind die Inka-Mumien geblieben?	48

Natürliche Mumien

Wie rasch zerfällt der Körper eines Toten?

Wenn ein Mensch gestorben ist und, wie hierzulande üblich, nach christlichem Brauch begraben wird, spricht der Geistliche, bevor man den Sarg in die Erde senkt, die alten Worte: „Nachdem es dem Allmächtigen gefallen hat, die Seele seines Dieners zu sich zu nehmen, übergeben wir seinen Leib den Elementen: Erde zu Erde, Asche zu Asche, Staub zu Staub". Mit diesem bildkräftigen Satz möchte die Kirche den Anwesenden eine ebenso einfache wie bittere Wahrheit ins Bewußtsein rufen; eine Wahrheit, die wir nur allzu gern verdrängen: daß nämlich unser aller Leben ein Ende hat und daß unser Körper sich dereinst auflösen und zurückkehren wird in den großen Kreislauf der Natur.

Diese natürliche Auflösung des Leichnams, seine Rückkehr „zur Erde, zur Asche, zum Staub", ist ein Prozeß, der sich über Jahre hinzieht. Dabei schwinden zuerst die Weichteile: Leber, Nieren, Lunge, Darm, Gehirn und Muskeln. Den Weichteilen folgen die verformbaren Bindegewebe: Knorpel, Sehnen und Bänder. Und schließlich zerfällt auch der widerstandsfähigste Teil des Körpers, das Skelett. Die Zeit, die dafür erforderlich ist, wechselt von Erdteil zu Erdteil, von Klimazone zu Klimazone, von Landstrich zu Landstrich. Ja, sie kann am selben Ort und sogar im selben Grab verschieden sein. Für Mitteleuropa gelten folgende Durchschnittswerte:

Weichteile . . . . . . 3 bis 4 Jahre,
Bindegewebe . . . 5 bis 7 Jahre,
Skelett . . . . Jahrzehnte.

Abweichungen von diesen Mittelwerten sind, wie gesagt, häufig. So können Skelette viele Millionen Jahre überdauern, wie die sensationellen Knochenfunde von prähistorischen Menschen in Afrika und Asien beweisen. Und ausnahmsweise bleibt auch einmal ein ganzer Leichnam erhalten – als natürliche Mumie.

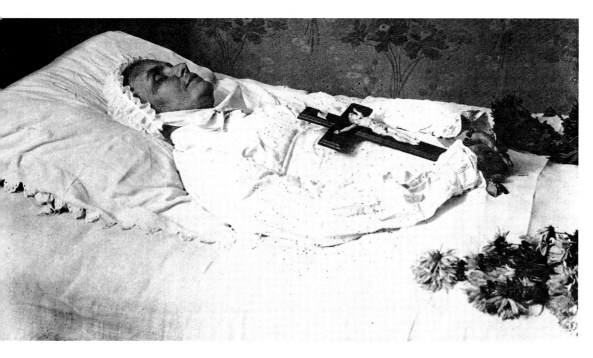

Eine tote Frau auf dem Sterbebett. Wie auf diesem Foto wirken die meisten Verstorbenen: sehr weit weg, abgeklärt und voll ruhiger Würde.

Die Auflösung des toten menschlichen Leibes ist zunächst einmal das Werk von Bakterien.

Warum zerfällt ein Leichnam nach dem Tode?

Diese winzigen einzelligen Lebewesen dringen schon während des Todeskampfes aus ihren natürlichen Lebensräumen im Körperinneren: aus Mund, Atemwegen, Darm und Scheide, später dann auch von außen in den Leichnam ein und setzten dort zahllose chemische Reaktionen in Gang; Reaktionen, die die Fachleute, je nachdem ob dabei Sauerstoff verbraucht wird oder nicht, unter den Sammelbegriffen „Verwesung" (mit Sauerstoff) und „Fäulnis" (ohne Sauerstoff) zusammenfassen. Im einzelnen hängt der Zerfall von vielen weiteren Umständen ab: von der Art der beteiligten Bakterien zum Beispiel, vom Alter des Toten, von der Außentemperatur, von der Luftfeuchtigkeit und so weiter.

Bakterien sind also die ersten und, alles in allem, auch die wichtigsten Leichenzerstörer. Sie sind jedoch nicht die einzigen. Vor allem bei Erdbestattungen in Ländern, in denen Verstorbene unbekleidet oder nur in Tücher gehüllt begraben werden, können sich kleine Tiere, die im Boden leben und dort ihre Nahrung finden, leicht an den Leichnam heranmachen. Das verhindern hierzulande die hölzernen Särge. Allerdings nur kurzfristig; denn wenn nach einigen Jahren das Holz verrottet, sind die Verstorbenen auch bei uns dem zerstörerischen Zugriff von Kleinlebewesen ausgesetzt.

Oberhalb der Erde, in Totenhäusern und Grabhöhlen, sind es vor allem die Larven bestimmter Fliegenarten, die sich am Zerstörungswerk der Bakterien beteiligen. Angelockt vom Verwesungsgeruch, bahnen sie sich durch Ritzen ihren Weg ins Innere des Totenschreins, wo sie ihre Arbeit in oft atemberaubender Schnelligkeit tun. Die Bewohner der alten griechischen Kolonien in Kleinasien, die diesen Vor-

Dieser alte französische Kupferstich ist überschrieben: „Spiegel des Lebens und des Todes". Er wurde geschaffen, um die Menschen an den Tod zu erinnern und daran, daß auch ihr Leib sich dereinst auflösen wird.

gang aus eigener Anschauung kannten, bezeichneten deshalb die bei ihnen übliche, aus Stein, Ton oder Holz gefertigte Totentruhe als „sarkophagos" – zu deutsch: „Fleischfresser"; ein Wort, das wir noch heute für „Prunksarg" benutzen und das mit seiner Kurzform „Sarg" in unsere Umgangssprache eingegangen ist.

Bedenkt man die Gefahren, denen ein Leichnam durch Bakterien und kleine Tiere ausgesetzt ist, dann kann man sich nur schwer vorstellen,

Wie können natürliche Mumien entstehen?

wie ein so anfälliges Gebilde ohne menschliches Zutun erhalten, wie es zur natürlichen Mumie werden kann. Und doch ist das möglich. Denn es gibt in der Natur Bedingungen, die den von innen und außen vordringenden Bakterien mitsamt ihren tierischen Helfershelfern so rasch Einhalt gebieten, daß diese ihr Zerstörungswerk zwar beginnen können, es dann aber ohne nachhaltigen Erfolg wieder abbrechen müssen. Von solchen mumifizierenden (das heißt: Mumienmachenden) Bedingungen sind die beiden wichtigsten: anhaltende Kälte und anhaltende Trockenheit.

Bakterien und die kleinen Tiere, um die es hier geht, sind wechselwarme Lebewesen, das heißt, ihre Zell- beziehungsweise Körpertemperatur steigt und fällt mit der Außentemperatur. Wechselwarme Tiere werden aber durch Kälte in ihrer Aktivität gehemmt. Sie büßen ihre Beweglichkeit ein und vermehren sich nicht mehr. Wir kennen diese Wirkung der Kälte von unseren Kühlschränken und Tiefkühltruhen, in denen Lebensmittel wie Milch, Eier oder Fleisch, die leicht von Bakterien und anderen Lebensmittelverderbern befallen und zersetzt werden, lange Zeit frisch bleiben. Nicht anders die Körper Verstorbener. Werden sie in eisiger Luft oder gefrorener Erde bestattet und steigt die Temperatur in der Umgebung des Grabes nur gelegentlich einmal über den Gefrierpunkt, dann können diese Toten als „Eismumien" Jahrhunderte überdauern.

Aber nicht nur bei anhaltender Kälte, auch bei anhaltender Trockenheit können Bakterien nicht gedeihen. Denn erstens trocknen diese winzigen Lebewesen selbst leicht aus, wobei sie ihre Aktivität und Vermehrung einstellen. Und zweitens versinken sie in eine Art Hungerstarre, wenn es in ihrer Umgebung kein Wasser mehr gibt, in dem sich ihre Nahrungsstoffe lösen können. Was aber die anderen Kleinlebewesen anlangt, die bei der Leichenzerstörung eine Rolle spielen, so sind auch sie in trockenem Klima viel seltener anzutreffen als in feuchten Gebieten.

Wird also ein Mensch in einem sehr trockenen Landstrich beigesetzt, beispielsweise in heißem Wüstensand, dann dringen zwar zunächst Bakterien wie üblich aus dem Körperinneren in den noch

Einer der Schauräume des Grönländischen Landesmuseums in Nuuk/Godthåb. In den Vitrinen die 500 Jahre alten Eismumien, die 1972 in einem Grab der ehemaligen Eskimosiedlung Qilakitsoq gefunden wurden. Zu diesem ungewöhnlichen Fund gehörte auch die auf Seite 7 abgebildete Mumie eines Eskimobabys.

feuchten Leichnam ein. Dann aber, mit zunehmender Austrocknung, stellen die Angreifer ihre Attacken ein. Das Ergebnis dieses Prozesses, der schon nach wenigen Wochen abgeschlossen sein kann, ist dann eine „natürliche Trockenmumie", ein Gebilde, leicht und mürbe wie ein trockener Schwamm, das gegen weitere Zerstörungen einigermaßen geschützt ist. Wie Eismumien, so können auch Trockenmumien das Erscheinungsbild des Verstorbenen über Jahrhunderte, ja, über Jahrtausende bewahren.

Wo findet man die meisten Eismumien?

Hauptverbreitungsgebiet der Eismumien sind die nördlichen Polarregionen der Erde. In diesen unwirtlichen Landstrichen, wo die Menschen in unmittelbarer Nachbarschaft zum ewigen Eis ein hartes Leben fristen, ist das Klima nicht nur kalt, sondern auch ungewöhnlich trocken. Denn bekanntlich verdampft bei so niedrigen Temperaturen nur wenig Wasser. Das aber bedeutet: Eismumien, die hier in ihren Grabstätten wie in Kühlkammern ruhen, trocknen in der wasserdampfarmen Luft rasch aus; ein Vorgang, der ihre Haltbarkeit während der kurzen Polarsommer noch zusätzlich erhöht.

Wie lange solche Eis-Trockenmumien die Zeiten überdauern können, zeigt ein berühmtes Beispiel aus Grönland. Dort fanden Einheimische, als sie im Oktober 1972 in den Ruinen der längst aufgegebenen Eingeborenensiedlung Qilakitsoq („Der Himmel hängt tief") herumstöberten, zwei Steingräber mit den Mumien von sechs Eskimofrauen und zwei Kindern. Sie waren, wie radiochemische Messungen später ergaben, zwischen 1425 und 1525 gestorben und hier beigesetzt worden. Für die Wanderung ins Jenseits, die man sich als eine lange, mühselige Reise durch Eis und Schnee vorstellte, hatte man die Toten mit dicken Jak-

Die Eismumie des Eskimobabys von Qilakitsoq. Sein Anblick rührte die Wissenschaftler so sehr, daß sie beschlossen, es nicht näher zu untersuchen. So ist bis heute ungewiß, ob es sich um einen Jungen oder ein Mädchen handelt.

ken, Hosen und gefütterten Stiefeln aus Seehundfell ausgestattet. Als die herbeigerufenen Experten mit der Bergung des Fundes begannen, förderten sie auch ein sechs Monate altes Baby zutage. Es war so gut erhalten, daß es die Forscher zuerst für eine Puppe hielten.

Die nähere Untersuchung der Toten im Nationalmuseum von Kopenhagen ergab interessante Einblicke in das Alltagsleben der Grönländer vor rund 500 Jahren, in ihre Ernährung, ihre Krankheiten, ihre technischen Errungenschaften und anderes mehr. Heute ruhen die sorgfältig konservierten Eismumien von Qilakitsoq in den Vitrinen des Landesmuseums für Ethnologie, Archäologie und Eskimokunst der grönländischen Hauptstadt Godthåb.

> **Gibt es Eismumien auch außerhalb der Polargebiete?**

Ja, die gibt es – in Südamerika. Etwa 50 Kilometer nordöstlich der chilenischen Hauptstadt Santiago wird die majestätische Bergkette der Anden vom schneebedeckten Massiv des Cerro el Plomo überragt. Dort oben, auf einem schmalen Bergrücken, der zum Gipfel hinaufführt, in einer Höhe von 5200 Meter, machten drei chilenische Abenteurer im Februar 1954 eine aufsehenerregende Entdeckung: Unter einem düsteren Grabmonument aus unbehauenen Felsblöcken kauerte in einer engen Kammer ein kleiner Junge, der aussah, als sei er soeben eingeschlafen. Als der „kleine Inkaprinz" ist dieser erste bedeutende Fund einer Eismumie außerhalb der Polargebiete inzwischen weltberühmt.

Er blieb nicht der einzige. Jahre später fanden Bergsteiger auf anderen Schneeriesen der Anden weitere Eismumien – die vorerst letzte im Jahre 1985 auf dem höchsten Berg Amerikas, dem 7000 Meter hohen Aconcagua. Wie kamen sie dorthin, in Höhen, in denen kein Mensch auf Dauer leben kann? Die Forschung hat diese Frage inzwischen beantwortet: die Eismumien der Andengipfel sind keine gewöhnlichen Toten. Es sind Menschen, die die Inkas, eines der bedeutendsten Kulturvölker des amerikanischen Kontinents, ihren Göttern opferten – der Sonne, vermuten die einen, den ebenfalls als Götter verehrten Bergen, glauben die anderen.

Vom feierlich-düsteren Gepränge dieser Menschenopfer vermittelt die Mumie des „kleinen Inkaprinzen" eine lebendige Vorstellung. Zum Empfang bei den Göttern, denen er die Ehrerbietung des Volkes bekunden sollte, hatte man ihn wie einen Fürsten gekleidet. Zwei Lamas – ihre magischen Figürchen fand man in einer mit Flamingofedern geschmückten Reisetasche – sollten ihn auf dem langen Weg dahin tragen. Zusammen mit einer jungen Begleiterin in der Tracht einer Inka-Prinzessin – auch ihr Abbild befand sich in derselben Reisetasche.

Weitere Aufschlüsse ergab die eingehende wissenschaftliche Untersuchung der Mumie im Sommer 1982. Sie zeigte, daß der „kleine Inkaprinz", als er geopfert wurde, acht oder neun Jahre alt war. Die Trockenheit der Höhenluft hatte sein Körpergewicht auf 10,6 Kilogramm vermindert. Darüber hinaus aber fand man an ihm keine Veränderungen, vor allem keine Spur einer tödlichen Verletzung. Statt dessen ein Bild gänzlich entspannten Schlummers. Offenkundig hatten die Priester, die die Zeremonie leiteten, ihr Opfer mit einem betäubenden Saft in einen tiefen Schlaf versenkt, aus dem das Kind in der Eiseskälte seines Grabes dann nicht mehr erwachte.

Die Eismumie des sogenannten „kleinen Inkaprinzen". Die Inkas hatten das festlich geschmückte Kind vor rund 500 Jahren den Göttern geopfert. Von einem berauschenden Getränk eingeschläfert, erfror es in der eisigen Bergluft. Die Mumie ist heute in der chilenischen Hauptstadt Santiago ausgestellt.

„Ginger" – die älteste Trockenmumie, die vollständig erhalten blieb. Der nur 1,63 Meter große Ägypter wurde um 3200 v. Chr. im heißen Wüstensand beigesetzt, wo er in der trockenen Hitze rasch ausdörrte und zur Mumie wurde. Seit 1900 ist „Ginger" eine besondere Sehenswürdigkeit des Britischen Museums in London.

Wo hat man die ältesten natürlichen Trockenmumien gefunden?

Im Jahre 1892 entdeckte der berühmte englische Ägyptenforscher Sir William Matthew Flinders Petrie (1853–1942) auf dem Westufer des Nils, etwas nordwestlich der Ortschaft Negade (andere Schreibweisen: Nakada, Naqada) unter dem Sand der Libyschen Wüste ein weitläufiges Feld von mehr als 3000 Gräbern, aus denen Zeugnisse zweier bisher unbekannter Kulturepochen zutage kamen, die wir heute als Negade-Kultur I (circa 4000 bis 3500 v. Chr.) und Negade-Kultur II (circa 3500 bis 3100 v. Chr.) bezeichnen. Die Entdeckung erwies sich als Pioniertat. Denn weitere Untersuchungen ergaben: die Negade-Kulturen waren die unmittelbaren Vorläufer der ägyptischen Hochkultur. Aus ihnen hatte sich zwischen 3100 und 3000 v. Chr. zuerst ein geeintes Ägypten und danach (ab circa 3000 v. Chr.) das Weltreich der Pharaonen entwickelt. Inzwischen wurden noch weitere Friedhöfe aus jener Zeit gefunden und ausgegraben.

Verglichen mit dem späteren Begräbniskult im Alten Ägypten war die Bestattung auf den Friedhöfen der Negade-Zeit recht primitiv. Die meisten der hier zur letzten Ruhe Gebetteten hatte man einfach in Leinentücher, Leder oder Felle eingewickelt oder eingenäht, mit angezogenen Beinen in eine flache Grube gelegt, eine Matte darüber gebreitet, die Grube mit Sand gefüllt und einige schwere Steine darauf gewälzt, um Hyänen und andere Leichenfledderer fernzuhalten. Indes, dieses simple Verfahren hatte ein für die Ausgräber überraschendes Ergebnis: viele der Toten waren vom heißen Wüstensand in so kurzer Zeit ausgetrocknet worden, daß sie sich, ehe noch der Verfall des Leichnams richtig beginnen konnte, bereits in natürliche Trockenmumien verwandelt hatten.

Trockenmumien aus der Negade-Zeit trifft man heute in vielen Museen der Welt an. Eine von ihnen ist „Ginger", ein Ägypter, der vor mehr als 5000 Jahren starb und ein wenig südlich von Negade auf dem Friedhof von Gebelein begraben wurde. Seit Anfang dieses Jahrhunderts ruht er in einer Vitrine des Britischen Museums in London. Seinen Spitznamen „Ginger" erhielt er von den dort tätigen Wissenschaftlern, weil sein Haar nach so langer Zeit die gelbrote Farbe von ginger ale (Ingwer-Bier) angenommen hatte. Für die Menschen damals waren Bestattete wie „Ginger" nicht tot. Sie schliefen. Und zuweilen erwachten sie. Dann richteten sie sich auf, schauten um sich, speisten von ihren Grabbeigaben oder vom Opfertisch und legten sich danach wieder zur Ruhe.

Daß Trockenmumien nicht nur in trockenen, sondern auch in feuchten Gegenden entstehen, ist vielfach bezeugt und kann noch heute beobachtet werden. So nennt eine Göttinger Doktorarbeit aus dem Jahre 1942 allein für die ehemalige Provinz Hannover 12 Orte, an denen Trockenmumien gefunden wurden. Allerdings niemals im Freien, wie wir das aus dem Alten Ägypten kennen, sondern stets in Innenräumen: in Mausoleen oder Kirchen.

Können Trockenmumien auch in feuchten Gegenden entstehen?

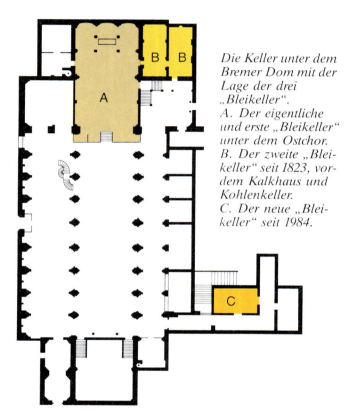

*Die Keller unter dem Bremer Dom mit der Lage der drei „Bleikeller".
A. Der eigentliche und erste „Bleikeller" unter dem Ostchor.
B. Der zweite „Bleikeller" seit 1823, vor dem Kalkhaus und Kohlenkeller.
C. Der neue „Bleikeller" seit 1984.*

Weil der Bremer Dom in einer Sanddüne steht, sind seine Kellerräume ungewöhnlich trocken. Frisches Geflügel, das hier aufgehängt wird, verfault nicht, sondern mumifiziert.

Über die Wirkungsweise solcher Mumienkeller ist früher viel gerätselt und gestritten worden. Dabei gibt es dafür eine

Diese alte Postkarte zeigt den heute aufgehobenen zweiten „Bleikeller" im Untergeschoß des Bremer Doms. Hierhin hatten die acht Mumien im Jahre 1823 umziehen müssen, weil der eigentliche „Bleikeller" unter dem Chor an Kaufleute vermietet wurde – als Stapelplatz für Tabak, Baumwolle, Wein und Bier.

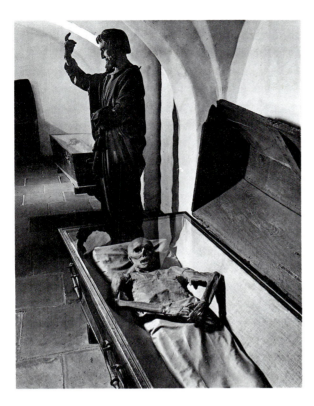

Der „Bleikeller" heute. Hinten der Sarg einer englischen Adeligen, im Dom beigesetzt 1590. Vorn der Diplomat in schwedischen Diensten Georg B. von Engelbrechten, gestorben 1730.

ebenso einfache wie einleuchtende Erklärung: mumifizierende Grabgewölbe sind Räume, in denen trotz hoher Luftfeuchtigkeit draußen und fehlender Heizung die Luft extrem trocken ist. Dazu müssen zwei Bedingungen erfüllt sein. Erstens muß das betreffende Gebäude mit seinen Fundamenten in lockerem Erdreich stecken, am besten in Sand, wo Regenwasser rasch versickert, so daß keine Feuchtigkeit in Fußböden und Wänden aufsteigen kann. Und zweitens muß das Grabgewölbe aus Fenstern oder Mauerschlitzen kräftig durchlüftet werden.

Wie unwirtlich das Raumklima in derart trockenen und zugigen Räumen ist, schildert sehr anschaulich ein Zeitungsartikel aus dem Jahre 1760, in dem der Verfasser einen der berühmtesten Mumienkeller Deutschlands beschreibt: den noch heute (wenngleich an anderer Stelle) existierenden sogenannten „Bleikeller" in Bremen. „Es ist ein großer, gewölbter Keller unter dem Chor der hiesigen Domkirche, worinnen sich einige geöffnete Särge mit ihren Körpern befinden, welche nun beinahe 100 Jahre hier gestanden, die aber ohne daß sie balsamiret ... ganz unversehrt ... geblieben. Die Haut ist hart, dem Pergament gleich etwas zusammengeschrumpft, daneben sind sie sehr leicht. Die natürliche Ursache der Austrocknung mus hier wohl in der Beschaffenheit des Gewölbes gesuchet werden. Es ist etliche Fus über der Erde, und hat gegen Morgen zwei offene Fenster oder Löcher in der Mauer. Wenn man hineingeht, so ist ein so kalter und starker Zug darinnen, daß man augenblicklich davon durchdrungen wird. Weil nun der trockene Ostwind beständig durchstreichet, ... so hat man Ursache zu glauben, daß die Feuchtigkeit der Körper algemach ausgetrocknet seyn, ohne daß eine Fäulnis in denselben hätte entstehen können. Auch heutigen Tages pflegen sie bisweilen todte Hunde, Katzen etc hineinzulegen, sie werden in kurzer Zeit hart ausgedorret, wie denn in einer so beständigen durchgehenden Kühlung keine Aasfliege oder dergleichen dauren kann."

Dieser im Bremer „Bleikeller" mumifizierte junge Mann war vermutlich ein Offizier, der während des 30jährigen Krieges (1618 bis 1648) bei der Explosion einer Granate umkam.

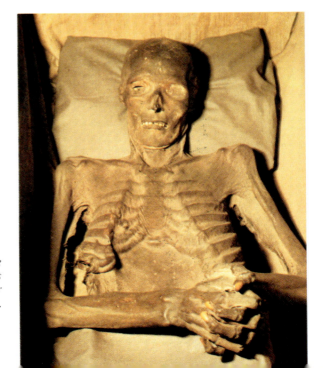

Wo liegen in Europa die eindrucksvollsten Mumiengrüfte?

Mumiengrüfte mit einzelnen Trockenmumien gibt es in Europa zu Hunderten. Ihre genaue Zahl hat noch niemand ermittelt. Gut untersucht, geordnet und für den Publikumsverkehr geöffnet sind jedoch nur wenige. Acht von ihnen werden im folgenden vorgestellt und kurz beschrieben. Der Besuch in einer dieser Mumiengrüfte ist eine harte Nervenprobe. Er kann aber auch, wenn der erste Schrecken erst einmal überwunden ist, im Betrachter Gedanken wachrufen, wie sie der Dichter des 39. Psalms in die Form eines berühmten Gebets gekleidet hat: „Herr, lehre doch mich, daß es ein Ende mit mir haben muß, und mein Leben ein Ziel hat, und ich davon muß".

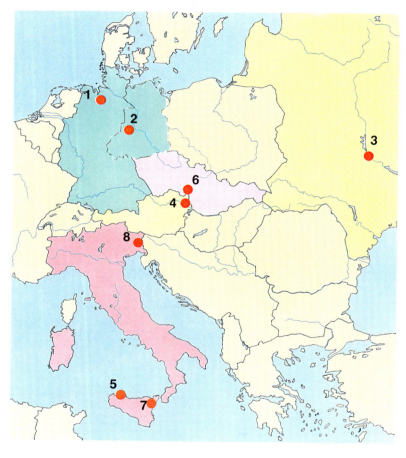

1. BREMEN Der berühmte „Bleikeller" unter dem Dom war ursprünglich das Gewölbe unter dem Ostchor. Heute ist es ein als Museum gestalteter Kellerraum in einem Anbau und beherbergt die gut erhaltenen Mumien von 6 Männern und 2 Frauen aus dem 15.–18. Jahrhundert.

2. QUEDLINBURG „Fürsten-" und „Adelsgruft" unter der Stiftskirche St. Servatius bilden zusammen den bedeutendsten Mumienkeller Nordeuropas. Die berühmteste Mumie hier ist die der Geliebten Augusts des Starken von Sachsen, der Gräfin Aurora von Königsmarck.

3. KIEW Um 1050 gründeten Mönche in Höhlen und Gängen, die sie tief ins Steilufer des Dnepr gruben, das später weltberühmte „Höhlenkloster". Von denen, die hier im Dunkel der Erde beigesetzt wurden, haben sich viele über die Jahrhunderte als Mumien erhalten.

4. WIEN Ein für seine mumifizierende Wirkung bekanntes Gewölbe liegt unter der Michaelerkirche. Hier hat man in den Eichenholzsärgen der sogenannten „Bürgergruft" mindestens zehn gut erhaltene Mumien gefunden, deren Alter von Fachleuten auf 200 bis 300 Jahre geschätzt wird.

5. PALERMO Die sogenannte „Kapuzinergruft", eine weitläufige Grablege unter dem Kapuzinerkloster, ist mit ihren 8000 natürlichen und künstlichen Mumien der berühmteste Mumienkeller der Welt. Von ihr wird auf den Seiten 13 bis 15 dieses Buches ausführlich berichtet.

6. BRÜNN Wegen der mumifizierenden Eigenschaften der Krypta unter der Kapuzinerkirche wurden hier bis 1784 viele prominente Bürger in offenen Särgen beigesetzt. Bekannteste Brünner Mumie ist die des Abenteurers Franz von der Trenck („Trenck der Pandur").

7. SAVOCA In dem sizilianischen Bergdorf gibt es unter der Kirche des ehemaligen Kapuzinerklosters einen Raum, in dem man die festlich gekleideten Mumien von Priestern und Adeligen nach dem Vorbild der Kapuzinergruft von Palermo entlang der Wände in Nischen aufgestellt hat.

8. VENZONE Die hier gezeigten Mumien wurden um 1842 aus den Grabgewölben des Doms in die alte Taufkapelle überführt. Seit diese Kapelle im Jahre 1976 durch zwei schwere Erdbeben zerstört wurde, haben die Toten ihren Platz in einem eigenen kleinen Museum.

Kirche und Kloster der Kapuziner von Palermo in ihrer heutigen Gestalt. Unter der Anlage befindet sich die weltberühmte Kapuzinergruft mit rund 8000 Mumien aus drei Jahrhunderten.

Wie sieht die Kapuzinergruft von Palermo heute aus?

Die heutige Kapuzinergruft, Ergebnis von mehr als 200 Jahren reger Bautätigkeit, ist ein rechtwinklig vernetztes Labyrinth von Korridoren unter der Klosterkirche. Wie der Grundriß auf dieser Seite zeigt, hat man die weitläufige Anlage nach Alter, Geschlecht und Beruf der Verstorbenen in mehrere Abteilungen gegliedert. Außerdem gibt es dort unten eine geweihte Kapelle.

Von den rund 8000 Mumien der Kapuzinergruft sind weitaus die meisten natürliche Trockenmumien. Sie stehen oder liegen entlang der Wände in flachen Nischen oder ruhen in teils offenen, teils geschlossenen Särgen und Kästen. Wirklich gut erhaltene Mumien sind hier eher die Ausnahme als die Regel.

In ihrer heutigen Erscheinungsform ist die Kapuzinergruft von Palermo ein zwar gruseliger, aber kein düsterer Ort. In mehreren Korridoren gibt es hochgelegene Fenster, durch die das Tageslicht hereinfällt. Da einige dieser Fenster ständig offen stehen, streicht ein frischer Luftzug durch die Gänge – neben der Trockenheit des Gemäuers die Hauptursache für die mumifizierende Wirkung dieser einzigartigen Begräbnisstätte.

Wie entstand die Kapuzinergruft von Palermo?

Im Jahre 1534 bauten die Kapuziner, ein erst kurz zuvor gegründeter strengerer Zweig des altehrwürdigen Franziskanerordens, vor den Toren der Stadt Palermo ihr erstes Kloster auf sizilianischem Boden. Dort, in schmucklosen Gebäuden und kahlen Zellen, lebten die Brüder ihren strengen Idealen: dem Gebet, dem Studium der Heiligen Schrift, der Armen- und Krankenpflege und einer kom-

Grundriß der Kapuzinergruft von Palermo heute. 1. Eingangstreppe, 2. Nische der Kinder, 3. Korridor der Männer, 4. Korridor der Frauen, 5. Nische der Jungfrauen, 6. Korridor der Gelehrten und Akademiker, 7. Korridor der Priester, 8. Kapelle der Heiligen Rosalia, 9. Korridor der Mönche; dieser Korridor ist der älteste Teil der Kapuzinergruft.

Kapuzinergruft von Palermo: Korridor der Männer. Dieser Anblick bietet sich dem Besucher am Fuße der Eingangstreppe.

promißlosen Armut, die sie bis in den Tod begleitete. Denn wenn einer von ihnen starb, wickelte man seinen Leichnam einfach in ein Tuch und ließ ihn, ein armseliges Bündel, hinab in eine enge, grabenförmige Katakombe, wo er liegenblieb, wie der Zufall es wollte. Dieser radikale Bestattungsbrauch änderte sich erst, als die Kapuziner gegen Ende des 16. Jahrhunderts ihre alte Begräbnisstätte aufgeben mußten, weil der Raum für die wachsende Zahl der Mönche nicht mehr ausreichte. Damals entschloß man sich, unterhalb des Hochaltars ein größeres Grabgewölbe auszuheben. Doch das Unternehmen endete mit einer Überraschung. Als nämlich die Brüder hinunterstiegen, um die 40 Leichname aus der alten in die neue Gruft zu überführen, entdeckten sie zum allgemeinen Erstaunen, daß sie es nicht wie erwartet mit Skeletten, sondern mit Trockenmumien zu tun hatten.

Ein Fingerzeig Gottes? Jedenfalls veranlaßte der ungewöhnliche Fund den Abt zu einer folgenschweren Entscheidung. Statt sie verdeckt beizusetzen, ließ er die Mumifizierten entlang der Wände aufstellen – zur Mahnung für die Mönche, sich auf ihr eigenes Sterben sorgfältig vorzubereiten. Was er nicht ahnen konnte: mit dieser Maßnahme begründete er, ohne es zu wollen, einen Totenkult, der in der Folgezeit unvorstellbare Ausmaße annehmen sollte.

Kapuzinergruft von Palermo: Korridor der Gelehrten und Akademiker. Die hier Versammelten waren vor allem Richter, Advokaten, Ärzte, Apotheker und Professoren. Im Hintergrund, zu erkennen an dem großen Holzkreuz, die Nische der Jungfrauen: junge Mädchen, die unverheiratet gestorben waren.

Wie entwickelte sich die Kapuzinergruft von Palermo in späterer Zeit?

Bis zum Jahre 1670 diente die neue Kapuzinergruft vornehmlich den Mönchen als Begräbnisstätte. Dann aber wurde der Druck der Gläubigen auf das Kloster immer größer. Fortan wollte jeder, der auf sich hielt, hier in der Nähe der heiligmäßigen Ordensleute beigesetzt werden. Diesem stürmischen Verlangen von draußen konnten sich die Brüder auf Dauer nicht verschließen, zumal unter den Bewerbern viele Wohltäter des Klosters waren. Wenn auch widerstrebend – sie mußten ihre Katakomben für das nun immer beliebter werdende Laienbegräbnis öffnen und in der Folge schrittweise erweitern. Und sie mußten, um des wachsenden Andrangs überhaupt Herr zu werden, ein Verfahren entwickeln, das die Mumifizierung kontrollierbar machte.

Dieses Verfahren bestand darin, daß man die eingelieferten Verstorbenen zu mehreren in kleine, trockene, gut durchlüftete Räume stellte, wo sie unter Zuhilfenahme von allerlei Kunstgriffen (zum Beispiel Bestäuben mit Kreide) binnen 8 bis 10 Monaten völlig ausdörrten. Dann wusch man sie mit Essig und kleidete sie in ihre Amtstrachten, Uniformen oder Festtagskleider. Erst danach wies man ihnen ihren Platz in einem der Korridore an, wo sie von Verwandten und Freunden besucht und von Zeit zu Zeit neu eingekleidet werden konnten.

Das Verlangen der besseren Kreise Siziliens nach einem ehrenvollen Begräbnis bei den Kapuzinern hielt mehr als zwei Jahrhunderte unvermindert an. Erst in den Jahren 1880/1881 untersagten die Behörden die Mumifizierung und die Zurschaustellung der Toten für immer.

Kapuzinergruft von Palermo: Mumien einer jungen Frau und ihres Patenonkels, beide im Sonntagsstaat. Vor allem die Mumie des alten Mannes ist ungewöhnlich gut erhalten.

Mumie des Obersten di Giuliano Enea, gestorben am 24. Juni 1848. Der Tote ist ein eindrucksvolles Beispiel für die Sitte, Männer von Rang in prächtigen Uniformen oder Amtstrachten auszustellen. Sobald diese unansehnlich geworden waren, kleidete man die Toten neu.

> **Was hat es mit der Mumie der Heiligen Bernadette auf sich?**

Am 11. Februar 1858 hatte eine 14jährige Müllerstochter namens Bernadette Soubirous aus dem südfranzösischen Dorf Lourdes eine unheimliche Begegnung: In einer Grotte beim Flüßchen Gave erschien ihr eine in strahlendes Weiß gekleidete Dame, die sie schweigend anlächelte und dann wieder verschwand. Doch schon drei Tage später erschien die schöne Unbekannte dem Mädchen erneut und von da an bis zum 16. Juli noch weitere 16mal. Am 18. Februar – es war die dritte Begegnung – redete sie Bernadette zum ersten Mal an, am 25. Februar zeigte sie ihr am Fuße der Grotte eine verborgene Quelle und am 26. März gab sie sich zu erkennen: als die Gottesmutter Maria. Mehrfach forderte sie das Kind auf, zum Dorfpfarrer zu gehen und ihm zu sagen, man möge am Ort der Erscheinung nahe der Quelle eine Kirche errichten und dorthin regelmäßige Sühnewallfahrten unternehmen.

Zunächst stießen die Erzählungen Bernadettes auf Mißtrauen und Ablehnung. Doch die Kleine beharrte auch in den strengsten Verhören auf ihren Aussagen. Und dann ereigneten sich an der Quelle die ersten Krankenheilungen. Sie vor allem machten das kleine Dorf schnell berühmt. Unzählige kamen, um hier von der Gottesmutter Hilfe und Heilung zu erflehen. Heute ist Lourdes der größte Marien-Wallfahrtsort der Welt, ein Ort der Hoffnung, an dem auch heute noch Kranke beim Kontakt mit der Quelle wieder gesund werden, und das zuweilen auf eine Weise, für die die Wissenschaft oft keine Erklärung hat.

Die Begegnung mit der Gottesmutter in der Grotte von Lourdes veränderte das Leben der kleinen Bernadette Soubirous von Grund auf. Von ihren Erlebnissen tief aufgewühlt, beschloß sie, Nonne zu werden. 1866, im Alter von 22 Jahren, trat sie

Diese Photographie aus dem Jahre 1861 zeigt die 17jährige Bernadette Soubirous drei Jahre nach den 18 Erscheinungen der Gottesmutter Maria, die sie selbst weltberühmt und ihr Heimatdorf Lourdes zum Wallfahrtsort machten.

in der Nachbarstadt Nevers ins Kloster Saint-Gildard ein. Dort starb sie am 16. April 1879, erst 35jährig, an Knochentuberkulose. In einer kleinen Kapelle im Klostergarten wurde ihr Sarg drei Tage später beigesetzt.

Mehr als 30 Jahre lang ruhte sie hier ungestört. Erst als die Vorbereitungen für ihre Seligsprechung begannen, ließen die kirchlichen Behörden am 22. September 1909 den Sarg in Gegenwart zweier Ärzte und weiterer Personen öffnen. Der Anblick verschlug den Anwesenden die Sprache. Völlig unverändert lag Bernadette auf ihren Kissen. „Nicht die geringste Spur von Verwesung, nicht das kleinste Zeichen von üblem Geruch war an dem Leichnam, ... sie schien zu schlafen", so berichtete später eine Augen-

Nahaufnahme der in ihrem gläsernen Schrein ruhenden Bernadette Soubirous. Weil sich die Haut des vollkommen erhaltenen Leichnams nach der ersten Untersuchung im Jahre 1909 dunkel verfärbt hatte, entschloß man sich, Gesicht und Hände mit dünnen Wachsmasken zu bedecken, die möglichst naturgetreu nachgebildet wurden

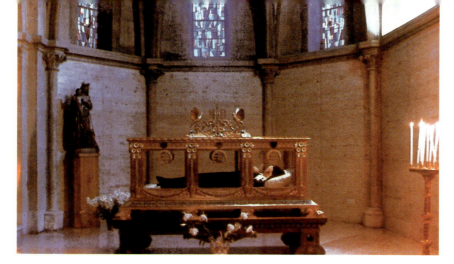

Chor der Klosterkirche von Saint-Gildard in Nevers (Südfrankreich). Hier steht seit dem 3. 8. 1925 der gläserne Schrein, in dem Bernadette Soubirous, die Heilige von Lourdes, nach drei ärztlichen Untersuchungen ihres Leichnams in den Jahren 1909, 1919 und 1925 endgültig beigesetzt wurde.

zeugin. Nach beendeter Amtshandlung kleidete man die Tote neu ein und verschloß sie mitsamt dem Protokoll der Untersuchung in einem Zinksarg.

Der Kommissionsbericht traf in der Öffentlichkeit auf gläubige Zustimmung, aber auch auf Mißtrauen. Einige Zeitungen warfen dem verantwortlichen Bischof sogar Betrug vor. Er habe, so hieß es, Bernadette unmittelbar nach ihrem Tode mumifizieren lassen. Denn die Kirche brauche ja ein solches „Wunder", um den Wallfahrtsbetrieb in Lourdes zu rechtfertigen.

Unterdes nahm der Seligsprechungsprozeß seinen Fortgang. Am 3. April 1919 wurde Bernadette zum zweiten und am 18. April 1925 zum dritten Mal untersucht. Doch wiederum fand man den Leichnam unverändert, mit Ausnahme der Haut, die sich während der ersten Untersuchung im Jahre 1909 unter den Augen der Zeugen dunkel verfärbt hatte.

Am 3. August 1925 wurde die Mumie Bernadettes feierlich in die Klosterkirche von Saint-Gildard überführt. Seitdem ruht sie dort in ihrer Ordenstracht, Gesicht und Hände von leichten Wachsmasken verhüllt, in einem gläsernen Sarg.

Was sind Moorleichen?

Moorleichen sind Tote, die durch Moorwasser mumifiziert wurden. Für diese besondere Form einer natürlichen Mumifizierung sind vor allem die in den Mooren reichlich vorhandenen Gerbstoffe verantwortlich – chemische Verbindungen, die imstande sind, Haut in Leder zu verwandeln.

Außer Gerbstoffen enthält Moorwasser auch sogenannte Huminsäuren, die, wenn sie hoch genug konzentriert sind, aus dem Skelett der Toten die Kalksalze herauslösen. Durch Huminsäuren, die unter Umständen auch Muskeln und innere Organe angreifen, kann es dahin kommen, daß manche Moorleichen nur noch aus gegerbter Haut bestehen. Daneben spielen bei der Mumifizierung im Moor weitere, im einzelnen schwer durchschaubare chemische Prozesse eine Rolle. Man findet deshalb Moorleichen in jeder nur denkbaren Form. In einem Fall blieben nur die Haut und die Weichteile erhalten, in einem anderen allein das Skelett. Dazwischen aber gibt es alle Übergänge. Nur selten findet man alles zusammen konserviert: Haut, Muskeln, innere Organe und Knochen.

Moorleichen werden ziemlich häufig geborgen. Eine sorgfältige Zusammenstellung aus dem Jahre 1965 listet 711 gesicherte Funde auf. Seitdem sind in jedem Jahr weitere hinzugekommen. Wo die Fundorte jeweils lagen, darüber informiert die Karte auf dieser Seite.

Moorleichen können sehr alt sein. Rund 50 Prozent stammen aus der Zeit vor Christi Geburt, etwa 40 Prozent aus der Zeit zwischen Christi Geburt und dem Ende des Mittelalters (circa 1500 n. Chr.), und nur jede zehnte aus neuerer Zeit.

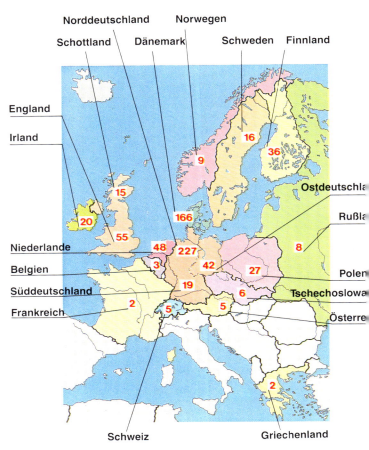

Verteilung der 711 Moorleichen, die man bis 1965 in den verschiedenen Ländern Europas gefunden hat.

Das „Mädchen von Windeby", eine Moorleiche, die 1952 nahe Eckernförde geborgen wurde. Die nackte Tote – heute im Landesmuseum Schleswig – war halbseitig geschoren und trug eine Augenbinde. War sie eine Ehebrecherin, die nach germanischem Brauch im Moor sterben mußte?

1950 fanden Arbeiter bei Tollund im Norden Dänemarks die besterhaltene Moorleiche der Welt. Der „Mann von Tollund" – hier gleich nach der Bergung – wurde, wie man sieht, mit einem Strick erdrosselt.

Wie kamen die Moorleichen ins Moor?

Daß Menschen sich im Moor verirren und dabei umkommen, ein solches Schicksal ist nicht nur eine Erfindung von Gruselfilmen. Mehr als 20 Prozent der bekannten Moorleichen sind auf diese Weise entstanden.

Weitere 30 Prozent waren Menschen, die nach ihrem Tode im Moor bestattet wurden. Woher dieser düstere Brauch stammt, ist ungewiß. Vielleicht hatte er etwas mit der früher weit verbreiteten Angst vor Wiedergängern zu tun. Um zu verhindern, daß der Tote des Nachts wehklagend oder drohend unter den Lebenden umherirrte, versenkte man ihn gefesselt ins dunkle Brackwasser, wo man ihn womöglich noch mit Steinen oder Stangen beschwerte oder gar mit spitzen Pfählen an den Grund nagelte.

Knapp die Hälfte aller Moorleichen weist Spuren eines gewaltsamen Todes auf. Zu

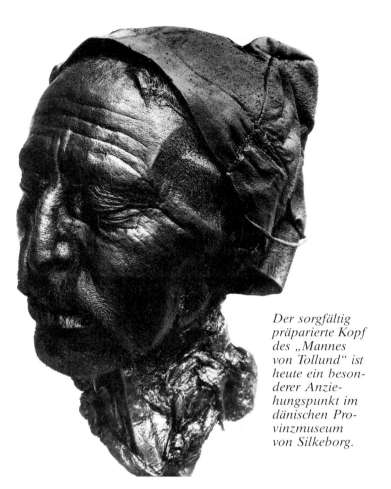

Der sorgfältig präparierte Kopf des „Mannes von Tollund" ist heute ein besonderer Anziehungspunkt im dänischen Provinzmuseum von Silkeborg.

dieser Gruppe der Getöteten gehören erstens Ermordete, die von ihren Mördern ins Moor versenkt wurden, um das Verbrechen zu vertuschen. Zweitens wissen wir aus einem Buch des römischen Geschichtsschreibers Tacitus (ca. 55 bis ca. 120 n. Chr.), daß Moore auch Richtstätten waren. Hier pflegten unsere germanischen Vorfahren Feiglinge und Deserteure, vielleicht auch Ehebrecher zu ertränken. Ihre Schande sollte von ewigem Dunkel zugedeckt werden. Und drittens waren Moore bei Kelten und Germanen heilige Orte. Kultstätten, an denen man den Göttern durch feierliches Versenken nicht nur kostbare Stoffe, Waffen, Schmuck, Schiffe und Wagen, sondern auch Menschen opferte – Menschen, die bis zu ihrem Stellvertretertod für die Gemeinschaft in hohen Ehren gehalten wurden. Manche Forscher glauben, der hier abgebildete „Mann von Tollund", die besterhaltene Moorleiche der Welt, sei ein solches Menschenopfer gewesen.

Künstliche Mumien

Warum mumifizierten Völker und Kulturen ihre Toten?

Die künstliche Mumifizierung hatte vor allem religiöse Gründe. Daneben spielten aber auch eine besondere Form des Totengedächtnisses und rein praktische Gründe eine Rolle.

Religiöse Gründe Viele Völker konnten sich ein Weiterleben nach dem Tode nur vorstellen, wenn der Körper der Verstorbenen unversehrt erhalten blieb. So dachten zum Beispiel die Alten Ägypter. Mit der Mumifizierung ihrer Toten erfüllten die Angehörigen also eine religiöse Fürsorgepflicht, weil sie auf diese Weise das Fortleben ihrer Lieben im Grab oder im Jenseits sicherten.

Besonderes Totengedächtnis Bei Völkern, bei denen es keine religiösen Gründe für eine Mumifizierung gab, bestand zuweilen das Bedürfnis, Verstorbene auch nach ihrem Tode anschauen und besuchen zu können. Das galt und gilt vor allem für Menschen von herausragender Bedeutung. So mumifizierten zum Beispiel die Griechen, die ihre Toten sonst zu verbrennen pflegten, Alexander den Großen (356 bis 323 v. Chr.), um ihn stets unter sich zu wissen. Sein Leichnam wurde in Honig konserviert und später in der nach ihm benannten Stadt Alexandria in einem Glassarg beigesetzt, der auf Wunsch besichtigt werden konnte. Bei einem solchen Besuch soll Kaiser Augustus (27 v. Chr. bis 14 n. Chr.) dem großen Toten die Nase abgebrochen haben. Beispiele dieser Art findet man auch in katholischen Kirchen, wo unzählige Heilige in Glassärgen ruhen – eine Mahnung für die Gläubigen, sich deren gottgeweihtes Leben zum Vorbild zu nehmen.

Die Mumie des Heiligen Anselm von Baggio (1036 bis 1086) im Hochaltar des Domes der norditalienischen Stadt Mantua (oben), und eine Nahaufnahme des Toten (unten). So wie auf der Abbildung oben wurden viele Heilige zur Verehrung durch die Gläubigen in Kirchen und Kapellen öffentlich ausgestellt, und manche von ihnen sind eigens zu diesem Zweck von fachkundigen Ärzten künstlich mumifiziert worden.

Praktische Gründe Wo religiöse Gründe oder das besondere Totengedächtnis keine Rolle spielten, wurden Verstorbene oft nur deshalb mumifiziert, weil man sie nicht gleich begraben konnte. Oft war jemand in der Ferne gestorben und mußte nun über weite Strecken zu seiner Grabstätte in der Heimat gebracht werden. Oder aber die vorgeschriebenen Begräbnisfeierlichkeiten zogen sich über Wochen hin, wobei der Leichnam während dieser Zeit öffentlich zur Schau gestellt werden mußte. Solche Begräbnisfeierlichkeiten waren zum Beispiel bei Päpsten oder den Königen von Spanien, Frankreich und England lange Zeit üblich. Spätestens seit dem 12. Jahrhundert war die Mumifizierung aus diesen Gründen in Europa so weit verbreitet, daß berühmte Chirurgen wie Henry de Mondeville (gestorben 1320), Guy de Chauliac (gestorben 1368) oder Pietro de Argelata (gestorben 1423) in ihren Lehrbüchern der Technik der Haltbarmachung für begrenzte Zeit eigene Abschnitte widmeten.

Versuche, die Körper Verstorbener durch Mumifizierung zu erhalten, kennen wir aus allen Erdteilen. Allerdings waren solche Bestrebungen vielerorts eher Randerscheinungen des religiösen oder staatlichen Lebens. In anderen Landstrichen dagegen spielte die Mumifizierung von Toten in der Vorstellungswelt der Menschen eine bedeutende Rolle. Näheres darüber wissen wir von den Alten Ägyptern, von den Völkern im Alten Peru, von den Skythen und neuerdings auch von den Chinesen.

In welchen Teilen der Welt wurden Verstorbene mumifiziert?

Das Alte Ägypten galt seit jeher als das „Königreich der Mumien" – zu Recht. Denn dort nahm das Mumifizieren im Laufe der Jahrhunderte den Umfang einer regelrechten Industrie an, mit Zigtausenden von Angestellten und unzähligen Zulieferbetrieben, die einem Heer von Menschen Arbeit und Brot gaben. Näheres darüber auf den Seiten 23 bis 39

Eine Mumienkultur war auch ***das Alte Peru***. Lange bevor die Inkas im 15. Jahrhundert n. Chr. die ganze Region unter ihre Herrschaft zwangen, hatten die blühenden Indianerkulturen in den Küstenebenen am Pazifischen Ozean weitläufige Friedhöfe angelegt, aus denen man

Diese Karte Südrußlands zeigt die Lage der größten skythischen Kurgane im Gebiet zwischen Kiew und dem Schwarzen Meer. Einige dieser gewaltigen Grabhügel sind noch immer unerforscht.

Die „Nečaeva Mogila", der höchste erhaltene skythische Kurgan in Südrußland. Solche Kurgane waren ursprünglich von Mauern umgeben. Auf ihrer Spitze stand eine steinerne Figur.

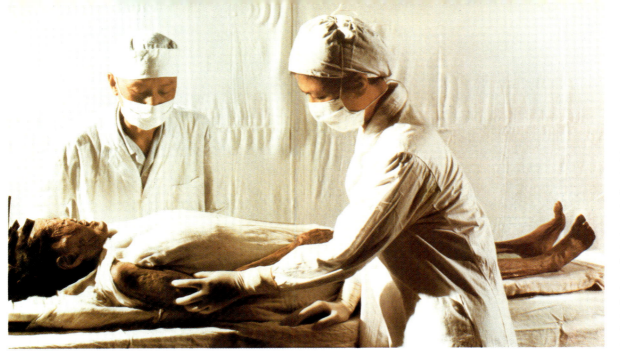

Hsin-Chiu, Fürstin von Dai, eine der wundervoll erhaltenen Mumien, die man erst jüngst in China entdeckte. Die etwa 50jährige Frau starb um das Jahr 186 v. Chr. Ihr vierfacher Sarg stand am Boden eines tiefen Schachts und war mit einer quecksilberhaltigen Flüssigkeit geflutet.

in unseren Tagen Tausende und Abertausende von Mumienbündeln geborgen hat. Mehr darüber auf den Seiten 40 bis 48.

Die Kunst der Mumifizierung beherrschten auch **die Skythen,** ein Volk von berittenen Nomaden, das im 7. Jahrhundert v. Chr. aus Persien in die wasserreichen Gras- und Waldsteppen Südrußlands einbrach und dort später ein halb-nomadisches Königreich ohne Städte schuf. Ungewöhnlich wie ihre Staatsform waren auch die Begräbnissitten der Skythen. Starb bei ihnen ein König oder ein Fürst, wurde er ausgeweidet, sorgfältig präpariert, eingekleidet und danach mit großem Gepränge im ganzen Lande umhergefahren. Erst nach vielen Wochen begrub man die Mumie, nicht selten zusammen mit den Lieblingsfrauen des Verstorbenen, seinem Hofstaat, seinen Pferden und reichen Grabbeigaben, tief unter der Erde in einer hölzernen Gruft oder einer weitverzweigten Katakombe. Darüber häuften Sklaven als sichtbares Grabmonument einen riesigen Erdhügel (russisch: Kurgan) auf, der einen Umfang von 350 Meter und die Höhe eines fünfstöckigen Hauses haben konnte. Die Ausgrabung und Erforschung dieser skythischen Kurgane in Südrußland und auf der Halbinsel Krim dauert noch an.

Die neuesten Nachrichten kommen aus **China.** Dort wurden seit 1975 in den Provinzen Hunan und Hubei Mumien von Adligen und Beamten entdeckt, wie es sie sonst nirgendwo auf der Welt gibt. In allen Fällen fand man die Körper gänzlich unversehrt. Kein Organ fehlte. Die Toten ruhten auf der Sohle von Grabschächten, die bis zu 20 Meter tief waren, in Sets aus mehreren ineinander verschachtelten Särgen, die ihrerseits von einer Schicht Holzkohle und einem dicken Mantel aus weißem Lehm umgeben waren. An den Leichnamen konnten die Ausgräber keine sichtbaren Zeichen des Verfalls entdecken. Ihre Haut war elastisch, Körper und Gliedmaßen beweglich, Gehirn und innere Organe kaum geschrumpft.

Das Geheimnis dieser Mumifizierung liegt in einer dunkel-braunroten, stark quecksilberhaltigen Flüssigkeit, mit der die inneren Särge gefüllt waren. Ihre genaue Zusammensetzung und ihre Wirkungsweise konnten bisher nicht vollständig aufgeklärt werden. Wie überhaupt die Erforschung des chinesischen Mumienwesens noch ganz am Anfang steht.

Mumien im Alten Ägypten

Welches sind die Epochen der ägyptischen Geschichte?

Das Mumienwesen im Alten Ägypten, von dem in diesem Kapitel die Rede sein wird, hat eine jahrhundertelange Entwicklung durchgemacht. Um bei der Beschreibung dieser Entwicklung den Überblick nicht zu verlieren, müssen wir uns zunächst Klarheit verschaffen über die gängige Epochen-Einteilung der ägyptischen Geschichte.

Im Falle Ägypten beruht die Einteilung in Epochen auf einer mehr als 2000 Jahre alten Liste, die ein Hohepriester der Stadt Heliopolis namens Manetho um das Jahr 280 v. Chr. für König Ptolemaios II. (282 bis 246 v. Chr.) zusammenstellte. Gestützt auf alte Aufzeichnungen und Überlieferungen ordnete Manetho darin die Geschichte seines Landes nach Herrschergeschlechtern und kam dabei auf 30 Dynastien. Diesem Schema fügten dann Geschichtsforscher später noch eine weitere, eine 31. Dynastie hinzu. Darüber hinaus unterteilten sie die so erweiterte und in Einzelheiten berichtigte Liste Manethos in 9 große Epochen ein. Daraus ergibt sich das folgende Datengerüst:

Warum mumifizierten die Ägypter ihre Toten?

Dieser Brauch war eine Konsequenz des ägyptischen Totenglaubens, wie er sich im Alten Reich entwickelt hatte. Damals war das Land am Nil endgültig zu einem einheitlichen Staatswesen zusammengewachsen; zu einem Staatswesen, in dem die Pharaonen unter dem Anspruch, Söhne des Sonnengottes Re zu sein, mit absoluter Machtfülle herrschten. Die riesigen Pyramiden des Cheops, Chefren und Mykerinos – sie entstanden zwischen 2545 und 2457 v. Chr. – sind eindrucksvolle Zeugen für die nahezu unbeschränkte Gewalt dieser Gottkönige über Menschen und Sachen. Das Alte Reich war eine Zeit des Aufbruchs – politisch wie kulturell. In den religiösen Zentren des Landes erlebten Gottesgelehrsamkeit und Naturphilosophie eine erste Hochblüte. Ihren Einfluß spürt man nicht zuletzt in dem neuen, vergeistigten und deshalb tieferen Bild vom Menschen, das damals entstand. Ihm zugrunde lag ein Gedanke, wie wir ihn auch aus anderen Religionen kennen: der Mensch ist mehr als sein Körper – er ist

Manethos Einteilung der ägyptischen Geschichte

Geschichtsepoche	Dynastie	Daten	Dauer
Thinitenzeit	1. bis 2. Dynastie	3000 v. Chr. bis 2635 v. Chr.	365 Jahre
Altes Reich	3. bis 6. Dynastie	2635 v. Chr. bis 2154 v. Chr.	481 Jahre
1. Zwischenzeit	7. bis 10. Dynastie	2154 v. Chr. bis 2040 v. Chr.	114 Jahre
Mittleres Reich	11. bis 12. Dynastie	2040 v. Chr. bis 1785 v. Chr.	255 Jahre
2. Zwischenzeit	13. bis 17. Dynastie	1783 v. Chr. bis 1551 v. Chr.	232 Jahre
Neues Reich	18. bis 20. Dynastie	1551 v. Chr. bis 1080 v. Chr.	471 Jahre
3. Zwischenzeit	21. bis 24. Dynastie	1080 v. Chr. bis 714 v. Chr.	366 Jahre
Spätzeit	25. bis 31. Dynastie	713 v. Chr. bis 332 v. Chr.	381 Jahre
Ptolemäerzeit	Alexander d. Gr. und seine Nachfolger	332 v. Chr. bis 30 v. Chr.	302 Jahre

Daten nach Arne Eggebrecht: Das Alte Ägypten, München 1984

eine Einheit aus Körper und Seele. Menschliches Leben entsteht immer dann, wenn der Schöpfergott Ptah im Mutterleib beide Elemente auf geheimnisvolle Weise zusammenfügt.

Konsequenterweise mußte der Tod die Umkehrung dieses Schöpfungsaktes sein, der Augenblick also, in dem sich der vergängliche Leib und die unsterbliche Seele wieder voneinander trennen. Oder genauer: die unsterblichen Seelen. Denn nach ägyptischer Auffassung besaß der Mensch nicht nur eine, sondern mehrere Seelen. Von ihnen spielten im Totenglauben drei eine besondere Rolle: die Ka-Seele, die Ba-Seele und die Ach-Seele.

Unter der *Ka-Seele* stellte sich der Ägypter so etwas wie einen körperlosen Doppelgänger des Leibes vor. Sie galt als Trägerin der Lebenskraft und des Willens zum Guten. Obwohl ein Geistwesen, mußte sie wie gewöhnliche Menschen essen und trinken, anderenfalls ermattete und litt sie. Deshalb galt ihr die besondere Fürsorge der Hinterbliebenen. Auf Bildern stellte man die Ka-Seele durch zwei über den Kopf erhobene Arme dar.

Anders als die Ka-Seele verkörperte die *Ba-Seele* keine allgemeinen Merkmale, sondern jene unverwechselbaren Charaktereigenschaften, die zusammen die Persönlichkeit eines Menschen ausmachen. Typisch für die Ba-Seele war ihre Fähigkeit, alle nur denkbaren Gestalten anzunehmen, sowie ihre außerordentliche Beweglichkeit. Meist als Vogel, später als Vogel mit dem Kopf des Verstorbenen, durchstreifte sie Erde und Himmel.

Vor allem durch seine Ba-Seele hatte der Tote Anteil am Leben draußen.

Schließlich die *Ach-Seele.* Sie versinnbildlichte die enge Verbundenheit des Menschen mit dem Jenseits. Nach dem Tode ihres Trägers stieg sie zum Himmel empor, von wo sie eifersüchtig über das Grab und den guten Ruf des Verstorbenen wachte; ein mächtiges Wesen, das als Rachegeist über jeden kam, der es wagte, die Totenruhe zu stören. Dargestellt wurde die Ach-Seele in der Gestalt des Schopfibis mit dunkelglänzendem Gefieder.

Nicht eine Seele also, sondern mindestens deren drei lösten sich im Tode von der sterblichen Hülle des Leibes. Doch war diese Trennung nach ägyptischem Glauben keine endgültige. Im Gegenteil, der Leib, der wie schlafend in seinem Grabe ruhte, blieb auch nach dem Tode auf geheimnisvolle Weise Behältnis und Heimat seiner umherschweifenden Seelen. Ka-, Ba- und Ach-Seele brauchten ihn zu ihrer Orientierung und mußten deshalb immer wieder zu ihm zurückkehren.

Wir verstehen jetzt, warum der natürliche Verfall oder die absichtliche Zerstörung des Leichnams für den Ägypter eine Katastrophe war. Denn ohne den in seinem Grab ruhenden und wartenden Leib mußten sich die Seelen ins Nichts verirren und verlöschen. Das aber bedeutete das unwiderrufliche Ende der menschlichen Existenz. Ein Unheil, gegen das es nur ein Mittel gab: die Mumifizierung.

Die Ka-Seele des Pharaos Auibre Hor. Die um 1700 v. Chr. entstandene überlebensgroße Holzfigur trägt auf dem Kopf das Zeichen des Ka: zwei abgewinkelt erhobene Arme.

Der widderköpfige Schöpfergott Chnum bildet auf der Töpferscheibe den Leib des Pharaos Amenophis III und dessen „Doppelgänger": die Ka-Seele. Nachzeichnung nach einem Relief aus dem Tempel des Pharaos in Luxor.

Dieser goldene Anhänger stellt die Ba-Seele in Gestalt eines Vogels mit Menschenkopf dar.

Wie entwickelte sich die Kunst der Mumifizierung im Alten Ägypten?

Wenn in volkstümlichen Schriften von der Kunst der Mumifizierung im Alten Ägypten die Rede ist, dann ist damit fast immer die Technik gemeint, wie sie seit Beginn des Neuen Reiches von Spezialisten geübt wurde. Doch bis dahin war es ein langer Weg.

Während des ersten halben Jahrtausends der ägyptischen Geschichte, also bis weit in die Anfangsphase des Alten Reiches, wurden Verstorbene überhaupt nicht mumifiziert, sondern bestenfalls balsamiert. Das heißt: man rieb sie mit allerlei Essenzen, Kräutern, Salben und Ölen ein und umwickelte sie mit langen Binden, in der irrigen Annahme, so geschützt werde der balsamierte Leichnam die Zeiten überdauern.

Erst in der 4. Dynastie (2570 bis 2450 v. Chr.) entdeckten die für die Balsamierung Zuständigen, daß der Erfolg ihrer Maßnahmen sehr viel länger anhielt, wenn sie zuvor die Eingeweide entfernten. Damit war der erste Schritt auf dem Wege zu einer wirklichen Mumifizierung getan. Merkwürdig ist nur, daß es noch einmal tausend Jahre dauerte, bis man auf den Gedanken kam, auch das Gehirn zu entfernen.

Gleich zu Beginn des Mittleren Reiches, vielleicht auch schon ein wenig früher, machte man eine zweite wichtige Entdeckung: Die Konservierung des ausgeweideten Toten konnte wesentlich verbessert werden, wenn man ihn mit trockenem Natron behandelte. Was man dabei allerdings noch nicht wissen konnte: Natron entzieht dem Gewebe zwar Wasser, jedoch nicht vollständig. Dementsprechend wurde durch die Behandlung mit Natron der Verfall des Leichnams zwar stark verzögert, letzten Endes aber nicht wirklich verhindert. Mit den Folgen machten die Forscher in unserer Zeit Bekanntschaft. Als sie darangingen, die Mumien des Mittleren Reiches genauer zu untersuchen, zerfielen ihnen viele, vor allem die aus der Frühzeit, unter den Händen zu Staub.

Erst zu Beginn des Neuen Reiches tat man auch den dritten und letzten Schritt: Fortan wurden die Toten nicht nur ausgeweidet und mit Natron behandelt, sondern anschließend auch noch in der Sonne oder über Feuer nachgetrocknet, womit man auch noch den allerletzten Rest Feuchtigkeit austrieb. Damit hatte – 1500 Jahre nach Amtsantritt des ersten Pharaos – die Kunst der Mumifizierung den Stand erreicht, der die ägyptischen Mumienmeister zu Recht weltberühmt gemacht hat.

Diese Grabmalerei aus der el-Medine zeigt den weißgekleideten Grabinhaber Incherchaui vor seiner vogelgestaltigen Ba-Seele.

Wie erfolgte im Neuen Reich die eigentliche Mumifizierung?

Wenn ein Ägypter gestorben war, brachten ihn seine Angehörigen nach einer angemessenen Trauerfrist hinüber zum sogenannten „Reinigungszelt". Diese Empfangskapellen, leichte Konstruktionen aus Stangen und Stoff, gab es am Westufer des Nils an vielen Stellen. Sie standen dort weithin sichtbar auf Terrassen, zu denen vom Anlegesteg der Boote breite Rampen hinaufführten.

Hier im Reinigungszelt wurde der Verstorbene feierlich aufgebahrt und unter Gebeten, Gesängen und Weihrauchspenden zunächst einer sorgfältigen rituellen Waschung unterzogen. Die eigentliche Mumifizierung ging danach aber nicht hier, sondern in einer benachbarten Mumienwerkstatt vonstatten. Dort legte man den Leichnam auf einen hölzernen oder steinernen Tisch mit Abflüssen, wie er noch heute bei Leichenöffnungen benutzt wird. Im einzelnen umfaßte die Arbeit der Mumienmeister folgende vier Schritte:

Ausweidung Dazu öffnete man die linke Flanke des Toten und entfernte durch diesen Schnitt alle inneren Organe bis hinauf zum Hals. Nur das Herz blieb an seiner Stelle. Seit der 21. Dynastie, also etwa seit 1080 v. Chr., wurde auch das Gehirn herausgenommen. Zu diesem Zweck durchbrach man das Nasendach und entfernte durch den so gewonnenen Zugang das Gewebe mit Hilfe langer gebogener Instrumente. Dann wurden die leeren Körperhöhlen mit Wasser und Palmwein gründlich gereinigt.

Mumifizierung der Eingeweide Sie erfolgte auf einem kleinen Eingeweidetisch und wurde in getrennten Arbeitsgängen, im übrigen aber nach derselben Methode vollzogen wie die im folgenden beschriebene Mumifizierung des Körpers.

Die Arbeitsgänge der Mumifizierung, wie sie im Text ausführlich beschrieben werden:
A. Ausweidung und Reinigung der Leibeshöhlen;
B. Füllung der Leibeshöhlen mit Päckchen aus trockenem Natron; C. Einpacken des schräg gelagerten Körpers in trockenes Natron;
D. Nachtrocknung des Toten in frischer Luft.

 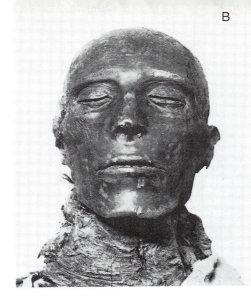 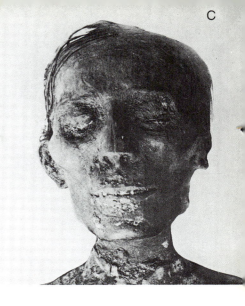

Entwässerung Dazu füllte und bedeckte man den ausgeweideten und gereinigten Leichnam mit trockenem Natron und ließ ihn so mehrere Wochen lang stehen. Während dieser Zeit verloren die Gewebe den Großteil ihres Wassers.

Nachtrocknung Dazu legte man den durch die Natronbehandlung weitgehend entwässerten Körper entweder in die Sonne, oder aber man hängte ihn in einem Gestell über offenem Feuer auf. Mit der Nachtrocknung war die eigentliche Mumifizierung beendet.

Alles in allem dauerte die Arbeit der Mumienmeister bis zu dieser Stufe mindestens 6 Wochen. Für Ärmere gab es jedoch auch abgekürzte Verfahren, bei denen man im einfachsten Falle die Eingeweide an Ort und Stelle ließ.

Sehr wahrscheinlich begleiteten religiöse Feierlichkeiten, wie wir sie im Reinigungszelt kennengelernt haben, schon die eigentlichen Mumifizierungsarbeiten. Ganz sicher aber begleiteten sie die anschließende Herrichtung der Mumie zum Begräbnis. Dazu waren folgende fünf Schritte nötig:

> **Was geschah mit dem Toten nach der Mumifizierung?**

Drei berühmte Königsmumien:
A. Königin Hatschepsut (1490 bis 1468 v. Chr.).
B. Sethos I (1305 bis 1290 v. Chr.), dessen prachtvolles Felsengrab auf Seite 34 abgebildet ist;
C. Thutmosis IV (1412 bis 1403 v. Chr.).

Verwahrung der Eingeweide Die gesondert mumifizierten inneren Organe (Därme, Leber, Magen und Lunge) wurden getrennt eingewickelt, verschnürt und auf vier Eingeweidekrüge, die sogenannten „Kanopen", verteilt. In der Spätzeit wachte über jedes dieser Behältnisse einer der vier Söhne des Gottes Horus: ihre Köpfe bildeten die Deckel der Kanopen. Aus Gründen, die wir nicht kennen, bewahrte man zwischen der 21. und 25.

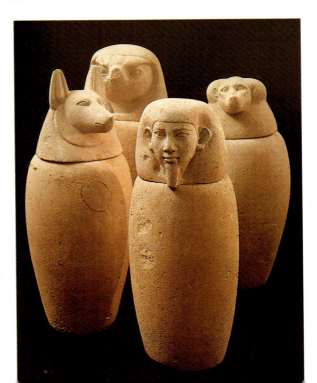

Eingeweidekrüge, sogenannte Kanopen, mit Deckelköpfen, die die vier Söhne des Gottes Horus darstellen:
Amset (menschenköpfig; bewacht die Leber),
Duamutef (hundeköpfig; bewacht den Magen),
Kebehsenuf (falkenköpfig; bewacht die Därme),
Hapi (affenköpfig; bewacht die Lunge).

Dynastie (1080 bis 659 v. Chr.) die Eingeweide nicht in Eingeweidekrügen auf, sondern legte sie verpackt in die leere Leibeshöhle zurück.

Ausstopfung Ziel dieser Maßnahme war es, den mumifizierten Körper möglichst naturgetreu wiederherzustellen. Dazu füllte man alle Hohlräume sorgfältig mit Lehm, Sand, trockenen Flechten, Wachs oder harzgetränkten Binden. Zuweilen unterfütterte man auch bestimmte Stellen der Haut mit feuchtem Ton, um sie anschließend zu modellieren, wie ein Bildhauer im Atelier seine Figuren modelliert.

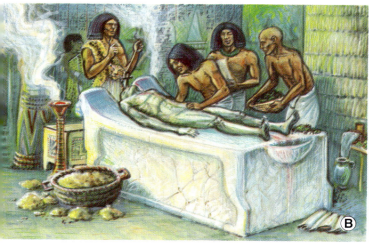

Bandagierung Bei diesem nach festen Regeln vollzogenen Ritual führte ein Priester in der Maske des schakalköpfigen Gottes Anubis die Oberaufsicht. Dabei wurden Körper, Kopf und Gliedmaßen des Toten zuerst getrennt, dann gemeinsam mit langen, schmalen Leinenbinden umwickelt. Zwischen die einzelnen Lagen schoben die Priester heilbringende und zauberkräftige Amulette.

Diese Mumie, heute im Besitz der Vatikanischen Museen in Rom, zeigt eindrucksvoll die komplizierte Technik, mit der man die Mumifizierten in Binden einwickelte. Stets miteingewickelt wurden heilbringende Amulette.

Die Arbeitsgänge, in denen der mumifizierte Körper für die Bestattung hergerichtet wurde: A. Einbringen der mumifizierten und eingewickelten Eingeweide in die Kanopen; B. Ausstopfen des Leibes; C. Bandagieren; D. Aufsetzen der Maske und Einsargen.

Aus dem Besitz des Ägyptischen Museums in West-Berlin stammt dieser reichbemalte Doppelsarg des Nespamai in Menschenform mit der Mumie.

Der Deckel des äußeren Sarges ist nicht mitabgebildet. Nespamai war um das Jahr 600 v. Chr. gestorben und beigesetzt worden.

Verpichung Um den Leichnam gänzlich gegen die Außenwelt abzuschirmen, überzog man die gewickelte Mumie mit einer Schutzschicht. Diese bestand, je nach Epoche und Verfügbarkeit, aus ganz unterschiedlichen Materialien wie Lehm, Gips, Wachs, Harz oder Leim.

Maskierung In vielen Fällen, besonders bei hochgestellten Persönlichkeiten, schützte man den Kopf der Mumie zusätzlich mit einer Totenmaske. Sie konnte bei Pharaonen aus purem Gold sein. Die gewöhnlichen Totenmasken bestanden jedoch aus Pappmaché und waren bemalt

In dem einzigen Pharaonengrab, das nicht von Räubern geplündert worden war, fand man über der Mumie des jungen Tutanchamun diese 11 Kilo schwere, herrliche Totenmaske aus purem Gold.

Diese schöne und lebendige Totenmaske eines Würdenträgers aus dem Mittleren Reich – heute im Ägyptischen Museum Kairo – ist vermutlich zwischen 2100 und 1800 v. Chr. entstanden.

Anstelle einer Totenmaske heftete man seit der Ptolemäerzeit auf die Mumie solche sogenannten „Mumienportraits". Auf Holz gemalt, zeigen sie den Toten als Lebenden.

oder vergoldet. Später, als Ägypten seine Selbständigkeit verlor und römische Provinz wurde (nach 30 v. Chr.), bürgerte sich die Sitte ein, über dem bandagierten Kopf ein sogenanntes „Mumienportrait" zu befestigen, ein Gemälde des Kopfes, auf dem der Verstorbene den Betrachter aus großen, ernsten Augen anblickt.

Wie wurde die fertige Mumie „wiederbelebt"?

Uns modernen Menschen erscheint die Vorstellung, man könne einen Gestorbenen wiederbeleben, abwegig. Nicht so den Menschen im Alten Ägypten. Für sie war die Mumie so etwas wie ein kostbares Gefäß, in das die Götter zu gegebener Zeit neue Lebenskraft gießen würden. Danach würde der Verstorbene sein Grab auf geheimnisvolle Weise mit seiner Gegenwart erfüllen, mit seinen Seelen Umgang pflegen und durch sie Kontakt aufnehmen zur Welt draußen und zur Welt der Götter.

Voraussetzung dafür war jedoch nach ägyptischem Glauben eine gezielte magische Handlung: die „Wiederbelebung" der Mumie. Es war dies ein Beschwörungsritual, das die Fachleute als das „Ritual der Mundöffnung" bezeichnen. Es wurde von Priestern unmittelbar vor der Beisetzung vollzogen und ging einher mit leidenschaftlichen Anrufungen der Götter.

Die Szene ist auf Wänden und in Totenbüchern unzählige Male dargestellt worden. In feierlichem Geleit ziehen die Trauernden hinaus zur Totenstadt am Rande der Wüste: Priester; ein von Rindern gezogener Schlitten mit der in ihrem Sarg eingeschlossenen Mumie; die Angehörigen des Verstorbenen; Klageweiber, die sich schreiend Asche auf's Haupt streuen; ein von Sklaven gezogener Schlitten mit dem Kanopenkasten; Diener, die Möbel, Kisten, kleine Figuren und Lebensmittel tragen. Im Angesicht des Grabes macht der Zug halt. Der Sarg wird geöffnet, man hebt die Mumie heraus. Ein Priester in der Maske des Anubis stellt sie aufrecht hin, Auge in Auge mit der Trauergemeinde. Ein Rind wird geopfert. Gebete und feierlicher Gesang erklingen. Man besprüht den Toten mit reinigendem Wasser. Weihrauch dampft gen Himmel.

Und dann der Höhepunkt der Zeremonie. Ein Priester tritt vor die Mumie. Mit dem Dechsel, einem gekrümmten Bildhauerwerkzeug, und anderen rituellen Geräten berührt er Augen, Ohren, Nase und Mund der Totenmaske. Das Wehgeschrei der Klageweiber verstummt. Mit flehentlich erhobenen Armen sinken die Angehörigen des Toten vor der Mumie in die Knie. Dies ist der Augenblick, auf den die Mumifizierung letzten Endes abzielte: Verwandlung und neuer Anfang. Eine geheimnisvolle belebende Kraft strömt in den toten Körper. Von nun an kann er, ungeachtet seiner Hüllen, wieder sehen, hören, riechen, schmecken, fühlen, seine Umgebung mit allen seinen Sinnen erfassen. So erweckt und auf wunderbare Weise belebt und erfrischt, geleitet man ihn feierlich hinunter in seine „ewige Wohnung".

Der Zug der Mumie zum Grabe und das Ritual der „Mundöffnung"

Angelehnt an altägyptische Malereien in Gräbern und Totenbüchern, zeigt diese farbige Zeichnung unten den feierlichen Zug, mit dem die Mumie zum Grab gebracht wurde, während oben das „Ritual der Mundöffnung" dargestellt ist. Wie man sieht, wurde der Leichenzug von Priestern angeführt. Es folgen der von Ochsen gezogene Schlitten mit der in ihrem Sarg ruhenden Mumie, die Truhe mit den Eingeweidekrügen (Kanopen), der Chor der Klageweiber und zuletzt die Diener mit den Einrichtungsgegenständen für das Grab und den Opfertieren, die im Laufe der Feierlichkeiten geschlachtet wurden. – Die feierliche Zeremonie der „Mundöffnung" (ganz oben), die dem Mumifizierten den Gebrauch seiner Sinne wiedergeben sollte, wird im Text ausführlich beschrieben. Sie wurde nicht nur an der Mumie, sondern auch an der Grabstatue des Verstorbenen vorgenommen, so daß auch diese als Aufenthaltsort für seine verschiedenen Seelen dienen konnte.

Wie sah das älteste Mumiengrab der Ägypter aus?

Das älteste Mumiengrab im Alten Ägypten war die sogenannte Mastaba, ein Bauwerk aus Lehmziegeln, das in seiner Urform aus einer unterirdischen Grabkammer und einem darüber aufgemauerten hausähnlichen Grabhügel bestand. Um ihm Festigkeit zu verleihen, waren seine Seiten leicht nach innen geneigt.

Für den Totenkult besaß die Mastaba an ihrer Ostseite eine Opfernische, deren Rückwand später zu einer Scheintür ausgebildet wurde. Durch sie, so stellte man sich vor, trat die Ka-Seele des Verstorbenen ins Freie, um zu essen und zu trinken, was die Besucher des Grabes ihr auf die Opferplatte gestellt hatten.

Im Laufe der Zeit wurde die Mastaba vielgestaltiger. 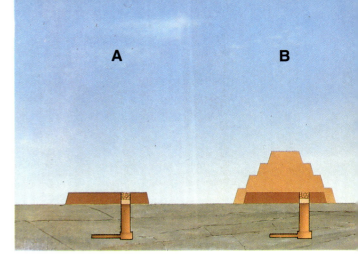 Die eine Veränderung betraf die Grabkammer. Um Grabräuber fernzuhalten, versenkte man sie tief in die Erde. Zu ihr hinunter führte nun ein enger Schacht, der jedoch nach der Beisetzung der Mumie zugeschüttet wurde.

Eine zweite Veränderung der Mastaba bestand darin, daß man die Opfernische ins Innere des Grabhügels verlegte. So ent-

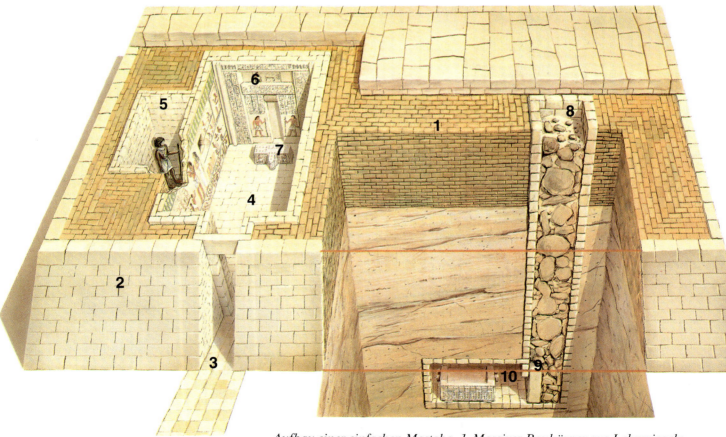

Aufbau einer einfachen Mastaba. 1. Massiver Baukörper aus Lehmziegeln, 2. Ummantelung aus Ziegel- oder Steinblöcken, 3. Eingang in den Kult- und Andachtsraum, 4. Kultraum, 5. Nebenraum mit der Grabstatue des Verstorbenen (sogenannter „Serdab"), 6. Scheintür, 7. Opfertisch, 8. zugeschütteter Schacht zur Sargkammer, 9. Verschlußstein der Sargkammer, 10. Sargkammer für die Mumie und die Kanopen.

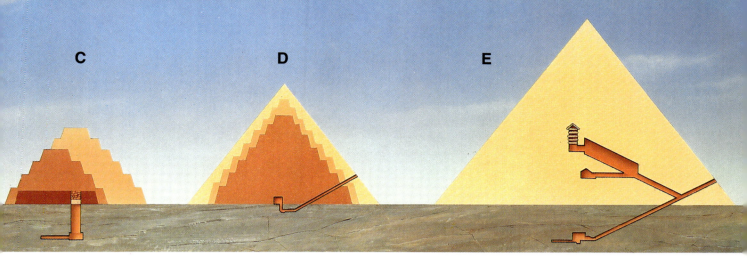

*Entwicklung der Pyramide aus der Mastaba.
A. Mastaba des Pharaos Djoser in Saqqara
(um 2600 v. Chr.). B. Durch Überbauung der
Mastaba mit drei Mastaba-ähnlichen Baukörpern
entsteht die erste Stufenmastaba des Djoser.
C. Durch nochmalige Erweiterung entsteht die heutige Stufenmastaba (= Stufenpyramide) des Djoser.
D. Die ursprünglich als Stufenpyramide geplante
Pyramide von Medum erhielt durch Pharao Snofru
(2570 bis 2545 v. Chr.) glatte Wände. E. Die 147
Meter hohe Pyramide des Pharaos Cheops (2545
bis 2520 v. Chr.) in Gise.*

stand in dem ursprünglich massiven Ziegelblock zuerst eine kleine Kultkapelle, später dann eine weitere Kapelle für die Ka-Statue des Verstorbenen, und schließlich eine Vielzahl von Räumen und Fluren. Einen Höhepunkt dieser Entwicklung bildet die um 2280 v. Chr. entstandene Mastaba des Wesirs Mereruka in Saqqara. Hier haben die Architekten den Graboberbau in einen prächtigen Totentempel mit 32 reichgeschmückten Räumen verwandelt.

Wie entstanden die Pyramiden?

Der zweite typische Grabbau im Alten Ägypten war die Pyramide. Sie war ein Königsbau, denn unter ihr (später auch in ihr) wurden allein die Mumien der Pharaonen und ihrer Familienangehörigen beigesetzt.

Die Pyramide hat sich aus der Mastaba entwickelt. Wie das geschah, zeigt sehr anschaulich die Baugeschichte des Grabes, das sich König Djoser, der zweite Pharao des Alten Reiches, um 2600 v. Chr. südlich des Nildeltas bei Saqqara bauen ließ. Diese Anlage, der erste monumentale Steinbau der Menschheitsgeschichte, war ursprünglich eine riesige Mastaba über einer Grundfläche von 63 mal 63 Meter und einer Höhe von 8 Meter. Darauf setzten die Architekten Djosers unter Verbreiterung der Basis zunächst drei und später noch einmal zwei weitere Mastabahügel, die nach oben hin immer kleiner wurden. Das Ergebnis war eine 6-stöckige Stufenmastaba, die man, wie die Abbildung oben zeigt, ebensogut als Stufenpyramide bezeichnen kann.

Von der Stufenmastaba des Djoser zur ersten richtigen Pyramide mit glatten Wänden, wie sie Pharao Snofru (2570 bis

*Weltwunder der Antike: die Pyramiden von Gise
gegenüber der Hauptstadt Kairo am Westufer des
Nil. Die großen Pyramiden von links: Mykerinos
(Höhe: 65,5 Meter), Chefren (Höhe: 143,5 Meter)
und Cheops (Höhe: 147 Meter). Davor Kleinpyramiden der königlichen Familien.*

2545 v. Chr.) in Medum errichten ließ, war es nur noch ein kleiner Schritt. Höhepunkt der Entwicklung waren schließlich die beiden gigantischen Pyramiden von Snofrus Nachfolgern Cheops (2545 bis 2520 v. Chr.) und Chefren (2510 bis 2485 v. Chr.), die man in der Antike zu den Sieben Weltwundern zählte.

Das dritte der für Altägypten charakteristischen Mumiengräber war das Felsengrab. Es bestand aus einer Abfolge von Treppen, Korridoren, Kammern und Sälen, die der Grabbesitzer tief in die Felsbarriere des westlichen Nil-

Welches Mumiengrab gab es neben Mastaba und Pyramide?

Der heute zerstörte Eingang zum Felsengrab des Pharaos Sethos I, dessen Mumie auf Seite 27 abgebildet ist. Die farbige Zeichnung schuf der italienische Ausgräber G. B. Belzoni, der das Grab 1817 im „Tal der Könige" fand.

Einblick in das Felsengrab des Pharaos Sethos I (1305 bis 1290 v. Chr.). Vom Eingang (Abbildung oben) führt der Weg durch Gänge und Räume abwärts zur großen Sarghalle (Foto links).

Die große Halle im Grab Sethos I, in der der Sarkophag des Königs stand. Wände und Decken sind bemalt mit Szenen aus der ägyptischen Jenseitswelt.

Ein „Haus" für eine Tote: Sarg der Dame Henut mit Pfeilern, Gesimsen, Türen und Fenstern. (11. Dynastie; Sammlung Ägyptische Kunst, München.

34

lands brechen ließ. In diesen Anlagen lag die Kapelle mit dem Sarg stets im letzten oder vorletzten Raum.

Felsengräber gab es bereits im Alten Reich. Ihre große Zeit war jedoch das Neue Reich. Viele der mächtigen Pharaonen der 18. bis 20. Dynastie wurden in Felsengräbern beigesetzt. Ihre Gräber gehören zum Schönsten, was ägyptische Baukunst hervorgebracht hat. Aber auch viele der sehr viel kleineren Privatgräber aus jener Zeit, wie das hier abgebildete des Bürgermeisters von Theben, Sennefer, sind wahre Wunderwerke der Architektur, Bildhauerkunst und Malerei.

Dieses bezaubernd schöne „Grab der Weinlaube" entstand in der 18. Dynastie und gehörte dem mächtigen Bürgermeister von Theben: Sennefer.

Nach ägyptischer Vorstellung bewohnten die Verstorbenen ihr Grab wie die Lebenden ihr Haus. Wie wörtlich das aufgefaßt wurde, dafür gibt es eine Reihe augenfälliger Belege. So waren zum Beispiel viele Särge aus älterer Zeit naturgetreue Nachbildungen von Wohnhäusern oder Palästen. Und die typische Scheintür der Gräber glich dem Eingangsbereich richtiger Häuser.

Wie verbrachte die Mumie im Grab ihre Tage?

Auch im Inneren waren viele Grabräume nach dem Vorbild menschlicher Behausungen gestaltet. So hat man zum Beispiel in Theben ein Grab entdeckt, in dem der Verstorbene nicht nur über mehrere Zimmer verfügte, sondern auch über einen Baderaum und sogar über einen Abort. Wie private Zimmerfluchten wirken vor allem viele Gräber des Mittleren Reiches. Hier schaffen Nischen, gewölbte Decken und die herrlich bemalten Wände zuweilen eine so intime Atmosphäre, daß man

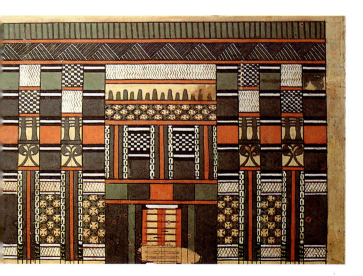

Der Verstorbene speist am Opfertisch: Gemälde im Grab des Fürsten Saremput II. (Oberägypten; 12. Dynastie.)

Dienerfigur aus einem Grab: Töpfer, der einen Krug abdichtet. Um 2325 v. Chr.

Dienerfigur aus einem Grab: Bierbrauerin. Um 2325 v. Chr.

Dienerfigur aus einem Grab: Bäcker vor seinem Steinofen. Um 2200 v. Chr.

die Ausstattung solcher „Wohnungen" mit Möbeln als ganz natürlich empfindet. Hausherr des Totenhauses war der mumifizierte Verstorbene in Gestalt seiner Ka-Seele. Deshalb bezeichneten die Ägypter ein Grab auch als „Haus des Ka" und Priester, die dort den Totendienst versahen, als „Diener des Ka". Als Ka durchschritt der Grabherr die Scheintür, setzte sich an den Opfertisch und stärkte sich mit dem, was man ihm hingestellt hatte. Auf Wänden und Stelen ist diese Szene des „Grabherrn am Opfertisch" unzählige Male dargestellt worden.

Im Laufe der Zeit machte man die Ka-Seelen der Verstorbenen von den tatsächlichen Totenspenden zunehmend unabhängig, indem man ihr Grab mit allem ausstattete, was zur Produktion und Zubereitung von Speisen nötig war. Entsprechend der magischen Denkweise der Ägypter geschah das in Form von Abbildern: kleinen Figuren oder Wandbildern, die dem Grabherrn auf geheimnisvolle Weise zu Diensten standen.

Auf dem Höhepunkt dieser Entwicklung war in gut versorgten Gräbern beinahe alles so wie in der Welt draußen. Da gab es Tierställe, Speicher, Brauereien, Kornmühlen, Boote mit Schleppnetzen für den Fischfang, Getreide- und Weinfelder und vieles andere mehr. Und natürlich gab es zahllose Diener und Mägde, die das alles in Betrieb hielten.

Auch für Zerstreuung war auf dieselbe magische Weise gesorgt: für Musik und Tanz, für schöne Mädchen und auch für die geliebte Jagd im Papyrusdickicht. Die herrlichen Reliefs und Malereien in ägyp-

Eine besondere Überraschung hielt das Grab des Kanzlers Meketre bereit: zu seiner Versorgung hatte man dem Toten die Modelle eines ganzen Landwirtschaftsbetriebs mitgegeben. Hier die Ausstattung für den Fischfang (Metropolitan Museum of Art, New York; um 2000 v. Chr.).

tischen Gräbern sind also nicht, wie man glauben könnte, zweckfreie Schilderungen der Natur und des Alltagslebens, sondern Beschwörungen von Hilfen für die Verstorbenen.

Für die Menschen im Alten Ägypten gab es daran keinen Zweifel. Das „Ritual der Mundöffnung" hatte dem Toten ja den Gebrauch des Gesichtssinnes wiedergegeben. Von diesem Augenblick an konnte er sich – durch Vermittlung eines auf den Sarg gemalten magischen Augenpaars – draußen nach Belieben umschauen.

> **Nahm die Mumie auch Anteil an der Außenwelt?**

Den eigentlichen Kontakt mit der Außenwelt aber vermittelte ihm seine Ba-Seele. In Vogelgestalt saß sie in den Kronen der Bäume, die man eigens für sie vor dem Grab gepflanzt hatte, trank Wasser aus dem darunter angelegten Teich, badete, flog hinüber zu den Stätten der Lebenden, um ihnen zuzuhören und zuzusehen, und schwang sich, sobald die Sonne unter den Horizont sank, als funkelnder Stern hinauf in den nachtdunklen Himmel. So wurde der im Sarg Ruhende über alles, was auf Erden und unter dem Himmel vor sich ging, stets auf dem laufenden gehalten.

Es gehörte zu den Eigentümlichkeiten der Alten Ägypter, daß sie an einmal überlieferten Glaubensinhalten unbeirrt festhielten, und zwar auch dann, wenn diese mit neueren Überzeugungen nur schwer zu vereinbaren waren. Der Totenglauben ist dafür ein aufschlußreiches Beispiel. Da gab es zunächst die Vorstellung, die weit in vorgeschichtliche Zeiten zurück reicht: der Verstorbene bezieht sein Grab wie eine Wohnung und „lebt" darin für immer. Daneben aber entwickelte sich vermutlich schon in der Thinitenzeit eine andere Vorstellung: der Verstorbene verläßt die Erde, um im Jenseits ein neues, ewiges Leben zu beginnen. Demnach existierten die Toten auf zweierlei Weise: als Nachbarn der Lebenden in ihren Gräbern und zugleich als Gefährten der Götter im Himmel. Offenkundig sahen die ägyptischen Denker darin keinen Widerspruch, denn bis zum Ende der ägyptischen Geschichte entwickelten sie sowohl die eine als auch die andere Lehre weiter. Allerdings lag dabei das Hauptaugenmerk zunehmend auf der Jenseitsreise der Toten.

> **Wie gelangten die Verstorbenen vor das Totengericht?**

In der Frühzeit hatte man sich diese Jenseitsreise noch vergleichsweise einfach vorgestellt, zuerst als eine Art Entrückung zu den Sternen, später dann als eine ziemlich beschwerliche Reise ins Reich des Sonnengottes Re. Um das Jahr 2300 v. Chr. jedoch kam zu diesen älteren Anschauungen eine neue Lehre hinzu: die Lehre vom Totenreich in der Unterwelt, wo der Totengott Osiris die Verstorbenen auf Herz und Nieren prüft. Von nun an konnte nur derjenige auf ein ewiges Leben bei den Göttern hoffen, der diese Prüfung bestand. Dazu aber war zweierlei nötig: man mußte den gefährlichen Weg hinab in die Unterwelt unbeschadet überstehen, und man mußte sich im Totengericht rechtfertigen können.

Beides war nicht einfach. Wohin auch immer der von seiner Ba-Seele begleitete

Bemalter Innensarg des Amenhotep. Auch dieser Sarg stellt ein Haus dar, aus dem der Tote durch aufgemalte Augen hinaussehen konnte (Britisches Museum, London, um 2000 v. Chr.).

37

Diese Totenbuchszene aus dem 12. Jahrh. v. Chr. zeigt, wie der verstorbene Neferrenpet sein Grab verläßt, sich mit seiner Ba-Seele vereinigt und ins Jenseits davonwandert.

Schatten des Verstorbenen bei seinem Abstieg kam — überall drohte ihm Zurückweisung oder gar Vernichtung. Da gab es finstere Schluchten und Fallgruben, Barrieren aus Feuer, riesige Wasserwüsten, die überwunden werden mußten, und überall tückische Dämonen und Ungeheuer. Ein von seinen Angehörigen gut ausgestatteter Toter führte deshalb eine Reihe von Hilfen mit sich: ein Schiff, das ihn von den Launen der Fährleute im Jenseits unabhängig machte, wirkmächtige Amulette und ein Totenbuch mit vielen nützlichen Hinweisen, Gebeten und Zaubersprüchen.

War die Reise glücklich überstanden, dann wartete seiner das Urteil des Osiris. Dazu hatte der Verstorbene in die Gerichtshalle einzutreten, in der die 42 Totenrichter im Kreise Platz genommen hatten. Dort mußte er zunächst eine Verteidigungsrede halten. Dann legte Anubis, der Gott der Totenstädte, sein Herz auf die Waagschale der Ewigkeit, um es gegen die Feder vom Haupte der Maat, der Göttin der Gerechtigkeit und des Maßes, aufzuwiegen. Erwies sich dabei das Herz als zu schwer, dann bedeutete dies das Ende der Existenz: die „große Fresserin", ein Ungeheuer mit dem Kopf eines Krokodils, vorn Löwe, hinten Nilpferd, zerfleischte das sündige Organ. Blieb die Waage jedoch im Gleichgewicht, dann wurde der gerechtfertigte Tote vor Osiris geführt, der ihm feierlich den Zutritt zu den Gefilden der Seligen eröffnete.

Wie lebten die Gerechtfertigten im Götterhimmel?

Der Eintritt in die Gefilde der Seligen bedeutete für die gerechtfertigten Toten zweierlei: sie durften ein zugleich beschauliches und tätiges Leben auf dem Lande führen; und sie durften den

Diese Zeichnung aus dem Totenbuch des Schreibers Ani entstand um 1250 v. Chr. Sie zeigt Ani beim Totengericht. 1. Ani, 2. Anis Ba-Seele, 3. die Waage der Gerechtigkeit, 4. Anis Herz, 5. die Feder der Maat, 6. Anubis, 7. Thot, der „Sekretär" des Totengerichts, 8. Ammit, die „große Fresserin".

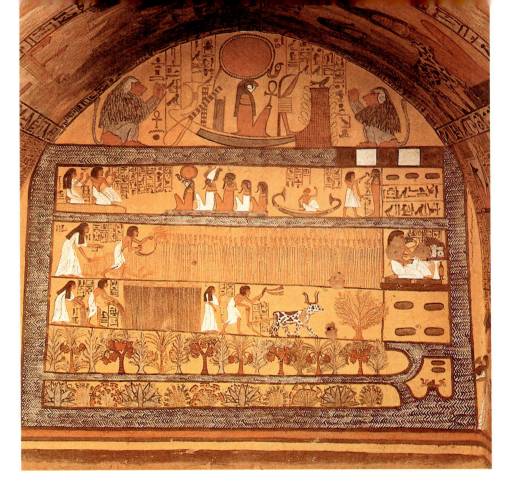

Wie sich die Menschen im alten Ägypten das Paradies vorstellten, kann man auf diesem prächtigen Wandbild im Grab des Sennodjem in Der el-Medine sehen. Auf einem von Flüssen durchzogenen Landgut, inmitten blühender Gärten und üppiger Felder, gehen Sennodjem und seine Frau in freier Luft gemächlich ihrer Arbeit nach.

Sonnengott Re auf seiner Fahrt in der Sonnenbarke begleiten.

Wie man sich das Landleben der Seligen im Jenseits vorstellte, zeigt besonders schön das große Wandbild, das man im Grabe des Sennodjem entdeckt hat: auf einem von Wasserläufen durchzogenen Gutshof, inmitten üppiger Gärten, Obstplantagen und wogender Getreidefelder, gehen der Verstorbene und seine Frau gemächlich ihrer Arbeit nach. Doch durfte diese Beschäftigung in freier Luft nicht in Mühsal ausarten. Deshalb gehörten zu den Beigaben jedes gutversorgten Grabes immer auch die sogenannten Ushebtis: kleine Figürchen in Mumienform, die gewöhnlich die Gesichtszüge des Verstorbenen trugen. Das Wort „ushebti" bedeutet „Antworter", denn diese magische Dienerschaft sollte, wenn der Tote im Jenseits aufgerufen wurde, „die Felder zu besäen, die Kanäle mit Wasser zu füllen und den Sand von Osten nach Westen zu schaffen", vortreten und antworten: „Hier bin ich", um dann für den Grabherrn zum Spaten, zur Hacke, zum Eimer oder zum Dreschflegel zu greifen.

Ein noch größeres Vergnügen als das Landleben im Paradies war die Reise mit dem Sonnengott Re in der „Tagesbarke" über den Himmel und in der „Nachtbarke" durch die Unterwelt. Dabei saß der Verewigte entweder Auge in Auge mit dem strahlenden Gott in dessen goldenem Königsschiff oder aber er begleitete ihn in einem eigenen Boot. Diese Götterreise durch den blauen Äther und, nach Einfall der Dämmerung, durch das in Dunkelheit und Chaos erstarrte Reich der Unterirdischen, das jedesmal im Glanz des vorüberziehenden Sonnengottes jubelnd zu neuem Leben erwachte . . ., diese Götterreise bedeutete für jeden Ägypter die höchste vorstellbare Seligkeit; eine Seligkeit, wie sie in einem alten Hymnus besungen wird: „Er (der Verstorbene) besteigt das Schiff Res, und alle Götter jauchzen, wenn er naht. So wie sie jauchzen, wenn Re selbst naht, wenn er im Osten emporsteigt – in Frieden, in Frieden."

Mumien im Alten Peru

Was versteht man unter dem „Alten Peru"?

Etwa seit der Mitte des 2. Jahrtausends v. Chr. entstanden an der Westküste Südamerikas und weiter landeinwärts, im Hochland der Anden, der sogenannten Sierra, rund ein Dutzend hochentwickelter Indianer-Kulturen, deren fremdartig klingende Namen: Chavin, Paracas, Moche, Recuay, Nazca, Tiahuanaco, Huari, Chimu, Chancay und so weiter hierzulande nur Fachleute und besonders Interessierte kennen. Wie die Karte rechts zeigt, lagen von den Hauptstädten und religiösen Zentren dieser Kulturen die meisten auf dem Staatsgebiet des heutigen Peru. Doch reichte ihr Einfluß oft viel weiter: im Norden bis hinauf nach Ecuador, im Süden bis tief nach Chile hinein. Das „Alte Peru" ist demnach nur teilweise identisch mit der heutigen Republik gleichen Namens.

Weil die Völker Altamerikas keine Schrift kannten und also keine Aufzeichnungen hinterlassen haben, und weil die Spanier bei der Eroberung des Landes in den Jahren nach 1532 n. Chr. alle Gegenstände von einigem Wert wegschleppten und andere aus religiösem Fanatismus zerstörten, sind wir über diese alten Kulturen nur sehr lückenhaft unterrichtet. Allerdings ist das Wenige, was erhalten blieb und wissenschaftlich erschlossen werden konnte, noch interessant genug.

Offensichtlich standen vielerorts Architektur, Kunst und Handwerk in hoher Blüte. Zu Ehren der Götter errichteten die Indianer riesige, gestufte Tempelberge, die den großen Pyramiden Ägyptens an Großartigkeit nicht nachstehen – ein untrügliches Zeichen für die bedeutende Rolle, die die Religion im Leben der altperuanischen Völker spielte. Dafür spricht auch die offenkundige Sorgfalt, mit der man die Leiber hoher Würdenträger möglichst zu erhalten suchte, und die liebevolle Ausstattung ihrer Gräber für ein Weiterleben im Jenseits mit Nahrung, Kleidern, Waffen und anderem.

Inzwischen hat man in den heißen, trockenen Küstenebenen Perus Tausende von Mumien gefunden, und in jedem Jahr

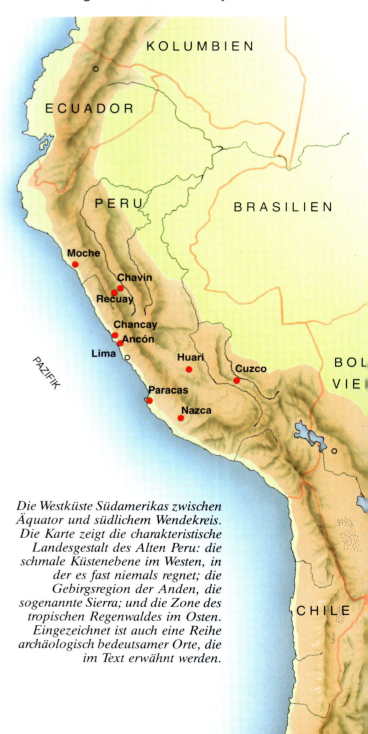

Die Westküste Südamerikas zwischen Äquator und südlichem Wendekreis. Die Karte zeigt die charakteristische Landesgestalt des Alten Peru: die schmale Küstenebene im Westen, in der es fast niemals regnet; die Gebirgsregion der Anden, die sogenannte Sierra; und die Zone des tropischen Regenwaldes im Osten. Eingezeichnet ist auch eine Reihe archäologisch bedeutsamer Orte, die im Text erwähnt werden.

40

Seine größte Ausdehnung erreichte das Alte Peru (gelbe Fläche) in der 2. Hälfte des 15. Jahrh. n. Chr. Damals erweiterten die großen Inka-Kaiser ihr Herrschaftsgebiet im Norden bis zum Äquator, im Süden bis nach Chile.

Im Jahre 1925 entdeckte der peruanische

Wo wurde der älteste Mumienfriedhof Alt-Perus ausgegraben?

Altertumsforscher Julio Cesar Tello im Wüstensand der Halbinsel Paracas ein unterirdisches Gräberfeld, aus dem er und seine Mitarbeiter in mehreren Grabungsexpeditionen Hunderte von Mumien bargen. Sie gehörten einer Kultur an, der Tello nach dem Fundort den Namen „Paracas-Kultur" gab und die man heute in die Zeit von 600 v. bis 200 n. Chr. datiert. Wo die Menschen, die diese Kultur dereinst schufen, ihre Wohnstätten und Felder hatten, ist bis heute ein Rätsel. Möglicherweise hatten sie ihre Toten von weither nach Paracas gebracht, weil die weltverlorene Halbinsel ihnen als heilige Stätte galt.

Tello fand auf dem Friedhof von Paracas zwei unterschiedliche Begräbnisformen. Bei der älteren lagen bis zu 55 Mumien teils neben-, teils übereinander in Höhlen, zu denen 6 bis 7 Meter tiefe Schächte hinunterführten. Dieser Teil des Gräberfeldes erhielt deshalb den Namen Paracas Cavernas (cavernas = Höhlen). Die hier Beigesetzten saßen mit angezogenen Beinen in flachen Körben und waren in mehrere Lagen aus grob gewebten Baumwollstoffen eingewickelt. Ob ihnen, wie Tello annahm, vorher die Eingeweide entfernt wurden, ist unter Wissenschaftlern umkommen neue hinzu: geschichtliche Zeugnisse, die uns die Glaubenswelt der alten südamerikanischen Indianerkulturen ein wenig näherbringen.

Schnitt durch ein Grab von Paracas Cavernas. A. Obere Sandschicht, B. tiefe Sandschicht, durch die ein gemauerter Schacht führt, C. durchstochene feste Sedimentschicht, D. steiniger Boden mit der Mumien-Grabkammer. Solche Gräber waren vielleicht Familiengräber.

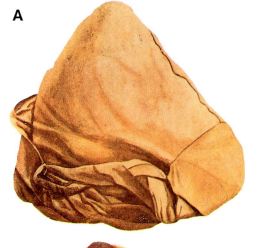

stritten. Fest steht jedoch, daß man die meisten Toten mit verschiedenen Harzen oder einer Art Asphalt bestrichen und, vermutlich, über offenem Feuer sorgfältig getrocknet hatte.

Anders als in Paracas Cavernas waren auf dem jüngeren Teil des Friedhofs die Verstorbenen nicht in Erdhöhlen, sondern in unterirdischen Häusern beigesetzt. Tello nannte diesen Teil deshalb Paracas Nekropolis (nekropolis = Totenstadt). Die hier gefundenen Mumien waren sorgfältiger präpariert als die von Paracas Cavernas und deshalb besser erhalten.

Vermutlich war Paracas Nekropolis ein Fürstenfriedhof, denn die hier Bestatteten waren ganz überwiegend ältere Männer. Für diese Annahme spricht auch der ungewöhnliche Luxus, der die Toten umgab. Ihre Körper waren in bis zu 40 sogenannte „mantos" eingewickelt: lakengroße oder noch größere Baumwolltücher in leuchtenden Farben, die Frauenhände mit Stickereien von höchster Qualität und Schönheit verziert hatten. Es sind Spitzenerzeugnisse der Textilkunst, die auf der Welt nicht ihresgleichen haben. Man hat ausgerechnet, daß geschickte Weberinnen und Stickerinnen Jahrzehnte gebraucht haben müssen, um diese Meisterwerke herzustellen. Als Schalen eines „Mumienbündels" umhüllten die „mantos" von Paracas Nekropolis nicht nur die Toten selbst, sondern alles, was diese für ein standesgemäßes Leben im Jenseits brauchten: Kleidungsstücke, Schmuck, Waffen, Nahrungsmittel, Töpferwaren, Handwerkszeug und sogar kleine mumifizierte Haustiere.

Eine typische Mumie aus Paracas Nekropolis. Jedes dieser Bündel steckte in einer groben Leinenhülle und war fest verschnürt. Entfernte man die darunterliegenden einfarbigen Schutztücher (A), kamen die kostbar bestickten „mantos" zum Vorschein, Kunstwerke von unvergleichlicher Schönheit (B). Die Mumie selbst war von einfachen Tüchern umhüllt (C). Sie hockte mit angezogenen Knien in einem Korb (D). Manche dieser Mumienbündel bestanden aus bis zu 40 Tüchern!

Um das Jahr 1870 hatte die peruanische Regierung mit dem Bau einer Eisenbahnlinie begonnen, die die Landeshauptstadt Lima mit der weiter nördlich gelegenen Küstenstadt Chancay verbinden sollte. Etwa auf halbem Wege dorthin schnitten die Arbeiter einen offenbar alten Begräbnisplatz an, der sich schon bald als der größte Mumienfriedhof der Welt erwies: das Gräberfeld von Ancón. Schätzungsweise 40 000 teils natürliche, teils künstliche Mumien waren hier versammelt.

Wo lag der größte Mumienfriedhof des Alten Peru?

Die Nachricht verbreitete sich wie ein Lauffeuer. In wenigen Wochen war das Gelände überschwemmt von Gelegenheitsdieben und professionellen Grabräubern, die auf der Suche nach einem kleinen Verdienst die in Tücher gewickelten Toten aus ihren Gruben rissen, sie ihrer Hüllen und Grabbeigaben beraubten und danach die ausgedörrten nackten Körper einfach im Sande liegenließen.

In dieser verzweifelten Situation entschlossen sich die deutschen Geologen Reiss und Stübel, die eigentlich als Erd- und Vulkanforscher nach Peru gekommen waren, zu raschem Handeln. In den Jahren 1874/75 bargen sie mehrere hundert der bedrohten Mumienbündel, legten über ihre Grabungsergebnisse ausführliche Protokolle an und hielten alles in farbigen Zeichnungen fest. Später setzten andere Forscher ihre Arbeit fort. So gelang es am Ende, von den 40 000 Mumien Ancóns wenigstens 3000 ordnungsgemäß auszugraben und in Magazinen sicherzustellen.

Die Arbeit von Reiss und Stübel war die erste groß angelegte Flächengrabung der peruanischen Archäologie. Und sie war eine der ertragreichsten. Denn die ersten Mumien waren um die Mitte des 7. Jahrhunderts n. Chr. in Ancón beigesetzt worden, die letzten aber erst im ausgehenden 15. Jahrhundert, also bereits in der Inka-Zeit. Das riesige Gräberfeld bot demnach einen einzigartigen Querschnitt durch mehr als 900 Jahre alt-peruanischer Geschichte. Deutlich konnten die Fachleute anhand der Leichentücher und

Auf dem Mumienfriedhof von Ancón fanden die Ausgräber ganz unterschiedliche Grabformen, darunter das hier gezeigte flache Kastengrab.

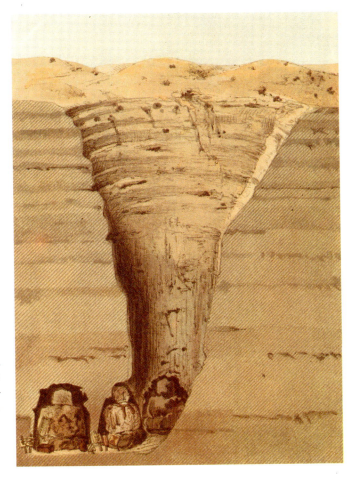

Eine andere Begräbnisform auf dem Mumienfriedhof von Ancón: tiefe Schächte, auf deren Grund die Mumien in flachen Nischen oder in seitlich abzweigenden Gängen saßen.

Errungenschaften der Inka kultur aus der zwische 1560 und 1599 entstandene Bilderchronik des Felip Huamán Poma de Ayal Von links: eine geflochte Hängebrücke, die Bewäss rung der Terrassenfelder u. ein Quipu, ein Register Form geknoteter Schnür

Bei ihren Ausgrabungen auf dem Totenfeld von Ancón in den Jahren 1874/75 hatten die deutschen Forscher Reiss und Stübel Maler bei sich, die jede Phase der Arbeiten in Bildern festhielten, wie hier die Bergung von Mumienbündeln aus dem heißen Wüstensand.

Grabbeigaben das Vordringen der Bergvölker aus der Sierra in die Küstenebene aufzeigen. Darüber hinaus ließen sich am selben Material der Wandel der handwerklichen, technischen und künstlerischen Errungenschaften verfolgen, die das Gesicht dieser Region in den verschiedenen Epochen immer wieder verändert hatten.

Ein Ende dieser mühseligen wissenschaftlichen Arbeit ist vorerst nicht abzusehen. Denn noch liegen Hunderte von Mumienbündeln aus dem Gräberfeld von Ancón ungeöffnet und also unausgewertet in den Kellern und Magazinen von Museen und Instituten in aller Welt – ein Material, das vermutlich noch manche Überraschung birgt.

Wer waren die Inkas?

Ursprünglich war das Wort „Inka" ein Königstitel; eine Amtsbezeichnung, die dem Namen des jeweiligen Herrschers voran- oder nachgestellt wurde: Inka Roca, Viracocha Inka und so weiter. Als Inkas bezeichnen wir heute aber auch

Dieser Tote aus dem Mumienfeld von Ancón war in kostbare Kleider und Tücher gehüllt. Was er für die Jenseitsfahrt brauchte, hatte man ihm in zwei Reisebündeln mit ins Grab gegeben.

das Volk, das von den Inka-Königen regiert wurde; ein Volk, das die letzte der großen Indianer-Kulturen Südamerikas schuf und mit dem die Geschichte des Alten Peru abrupt endete.

Woher die Inkas kamen, ist unbekannt. Erstmals ist von ihnen um 1200 n. Chr. die Rede, als sie sich auf der Hochebene von Cuzco niederließen, wo sie jedoch in den folgenden zwei Jahrhunderten kaum eine Rolle spielten. Dann aber, um die Mitte des 15. Jahrhunderts n. Chr., traten sie völlig überraschend ins Rampenlicht der Weltgeschichte. Angeführt von zwei überragenden Herrscherpersönlichkeiten, Pachacuti Inka Yupanqui (1438–1471) und Topa Inka Yupanqui (1471–1493), eroberten sie in noch nicht einmal 50 Jahren die gesamte Andenregion von Ekuador und Bolivien im Norden bis hinunter nach Chile. Auf den Fundamenten der alten Kulturen, die sie auf diesem ihrem Siegeszug unterwarfen, errichteten sie das erste indianische Großreich auf südamerikanischem Boden.

Politisches und religiöses Zentrum des neuen Staates wurde Cuzco, eine von Pachacuti Inka Yupanqui neu erbaute Tempel- und Palaststadt hinter eindrucksvollen Natursteinmauern. Von hier aus regierten die Inka das Land als unumschränkte Herrscher. Wie die Pharaonen im Alten Ägypten wurden auch sie von

Ebenfalls aus der Bilderchronik des Felipe Huamán Poma de Ayala: der thronende Inka, umgeben von den Soldaten seiner Leibwache.

ihren Untertanen als „Söhne der Sonne" verehrt und angebetet. Dementsprechend groß waren ihre Macht und der Luxus, der sie umgab. Als die Spanier in den Jahren 1532 bis 1535 das Riesenreich eroberten und zerstörten, standen sie immer wieder geblendet vor den unvorstellbaren Reichtümern, die ihnen noch in den entlegensten Gegenden, vor allem aber in Cuzco, in die Hände fielen.

| **Wie mumifizierten die Inkas ihre Toten?** |

Wie die Alten Ägypter und die meisten Völker im Alten Peru glaubten auch die Inkas an ein Weiterleben nach dem Tode und an die Notwendigkeit, den Körper der Verstorbenen zu diesem Zwecke zu erhalten. Dementsprechend wurden die toten Herrscher, ihre Frauen und Kinder sowie die Mitglieder des Hochadels sorgfältig mumifiziert.
Wie das geschah, weiß man nicht genau. Denn bis zum heutigen Tage ist keine einzige Inka-Mumie gefunden worden. Es gibt jedoch eine Reihe von Schriften von spanischen Beamten, Priestern, Gelehrten und Soldaten, in denen die Verfasser berichten, was sie bei und nach der Eroberung des Inka-Staates selbst gesehen oder aber von den Eingeborenen gehört hatten. Aus solchen Schriften wissen wir, daß man die Verstorbenen ausweidete, um sie danach mit bestimmten Harzen zu behandeln. Vermutlich war das nicht alles. Doch wie dem auch sei – sicher ist, daß das angewandte Verfahren überaus wirkungsvoll war.
Das geht unter anderem aus einer Beschreibung des gelehrten Jesuitenpaters José de Acosta hervor, der 1572 nach Peru gekommen war und dort die Mumie des Staatsgründers Pachacuti Inka Yupanqui noch unversehrt vorfand. „Der Körper", schreibt Acosta, „war so gut erhalten und mit einem Harz hergerichtet, daß er wie lebend wirkte. Die Augen wa-

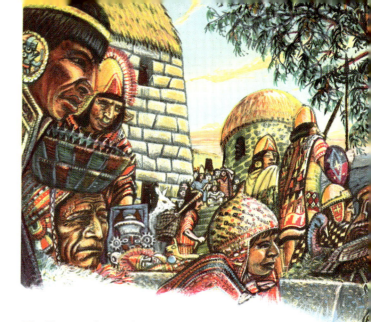

Ein Fest, an dem neben dem regierenden Inka auch die Mumien seiner Vorgänger teilnehmen. Jede dieser Mumien wird von ihrem eigenen Hofstaat bedient. Das für sie bereitete Essen verbrennen Diener in Feuerbecken.

ren aus einem feinen Goldgewebe so fein nachgebildet, daß man die echten gar nicht vermißte. Am Kopf hatte er eine Verletzung; dort hatte ihn im Kriege ein Stein getroffen. Er war ergraut und hatte noch alle seine Haare, als ob er gerade erst gestorben wäre. Dabei war er doch vor mehr als 60 oder 80 Jahren verschieden." Tatsächlich war der 1471 verstorbene Inka damals schon seit mehr als einem Jahrhundert tot!

| **Wie wurden die Inka-Mumien beigesetzt?** |

Anders als die Alten Ägypter, die ihre Mumien in unzugänglichen Grabkammern einschlossen und sie so den Augen der Lebenden für immer entzogen, beließen die Inkas ihre mumifizierten Toten in ihrer gewohnten Umgebung, wo man sie behandelte, als ob sie noch am Leben wären.
Das galt vor allem für die Königsmumien. Der spanische Chronist Pedro Pizarro, der 1533 beim Einmarsch seiner Landsleute in Cuzco dabei war, berichtet darüber: „Der verstorbene Herrscher behielt seinen gesamten Hofstaat und wurde be-

dient wie zu Lebzeiten. Man rührte weder sein Gold- oder Silbergeschirr an noch sonstiges Gut, das ihm gehört hatte. Auch blieben alle seine Diener im Hause; ja, ihre Zahl wurde sogar noch größer. Um das alles zu bezahlen, wurden dem Verstorbenen die Einnahmen bestimmter Provinzen zugesprochen. Der Nachfolger aber mußte einen neuen Hofstaat gründen." Das heißt: er mußte seinen Palast neu bauen, die Einrichtung neu anfertigen lassen und neue Diener einstellen.

Über den Tagesablauf einer in offener Sänfte sitzenden Mumie berichtete Pizarro weiter: „Jedem Toten war ein Indianer und eine Indianerin von hohem Adel beigegeben. Was diese beiden wünschten, gaben sie als den Willen des Toten aus. Wollten sie essen oder trinken, so erklärten sie, die Toten wollten dasselbe. Ebenso hielten sie es, wenn sie in den Häusern anderer Toter ein Gastmahl halten wollten. Denn in diesem Lande ist es Brauch, daß sich die Toten Besuche abstatten, was jedesmal mit großen Tanzspielen und Trinkgelagen einherging. Zuweilen besuchten die Toten auch die Lebenden, und umgekehrt waren diese gelegentlich Gäste der Toten."

Zum Lebensrhythmus der Inkas gehörte eine Vielzahl religiöser und staatlicher Feste, zu denen riesige Menschenmengen nach Cuzco strömten. Bei solchen Gelegenheiten traten auch die Mumien der verstorbenen Herrscher öffentlich auf. Der spanische Hauptmann Miguel Estete war kurz nach dem Einmarsch der Spanier in die Hauptstadt Augenzeuge eines solchen Auftritts.

Wie traten die Inka-Mumien in der Öffentlichkeit auf?

„Die Mumien wurden von festlich gekleideten Männern eine nach der anderen unter Bezeugung allergrößter Ehrfurcht in die Stadt getragen und dort mit dem gleichen Aufwand und der gleichen Aufmerk-

47

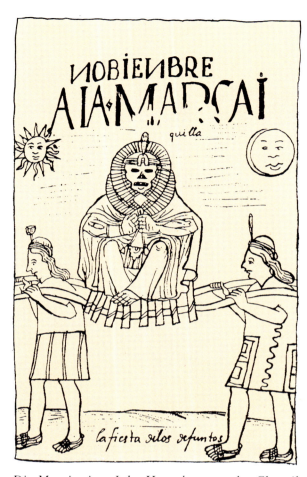

Die Mumie eines Inka-Herrschers aus der Chronik des Poma de Ayala – eine Darstellung, die auf Berichten von Augenzeugen beruht.

samkeit bedient, als wenn sie noch lebten. Mit großem Gefolge kamen sie auf den großen Platz in der Stadtmitte, an der Spitze des Zuges und in einer Sänfte der regierende Inka und auf gleicher Höhe mit ihm und an seiner Seite die Mumie seines Vaters. Und dahinter die übrigen Vorfahren, einbalsamiert und mit dem Diadem auf dem Haupt. Für jeden von ihnen stand ein Baldachin bereit, darunter saß der Tote auf seinem Sessel, von Dienern und Dienerinnen umgeben, die ihm mit Wedeln die Fliegen fernhielten. Jedem der dort Thronenden widerfuhren dieselben Ehrenbezeugungen wie zu Lebzeiten. Dann entzündeten Diener und Dienerinnen vor jedem Toten ein Feuer und verbrannten darin alles, was sie den Toten vorsetzten. Es waren dieselben Speisen, die auch sie aßen. Auch standen da Krüge, dahinein schenkten sie Chica (= Maisbier), das sie zuvor den Toten vorwiesen. Auf diese Weise tranken die Toten sich gegenseitig zu. Und ebenso machten es die Toten mit den Lebenden und umgekehrt die Lebenden mit den Toten. Erst bei Einbruch der Nacht (bis dahin hatte man gewaltig gezecht!) leerte sich der Platz, und in der gleichen Ordnung wie der Einzug vonstatten gegangen war, kehrten die Toten in ihre Gemächer zurück."

Wo sind die Inka-Mumien geblieben?

Wie wir gesehen haben, ist von den zahllosen Mumien, die die Spanier bei der Eroberung des Inkastaates vorfanden, bisher nicht eine gefunden worden. Dafür verantwortlich sind vor allem die Sieger in diesem ungleichen Kampf. Nachdem sie das Mumienwesen der Unterworfenen zunächst als eine Art Kuriosität geduldet hatten, änderten sie mit der Zeit ihre Einstellung. Auf Betreiben der Inquisition ließen sie die ihrer Kostbarkeiten beraubten Toten in der neuen Hauptstadt Lima und anderenorts zusammentragen und entweder sang- und klanglos beerdigen oder aber als „heidnische Götzen" und „Teufelsblendwerk" verbrennen. Allerdings konnte die Inquisition nicht alle Mumien aufspüren. Denn etliche, vermutlich nicht allzu viele, hatte der von den Spaniern eingesetzte letzte Inka Manco während seines vergeblichen Aufstands gegen die christlichen Besatzer entführen und in unzugänglichen Berghöhlen in Sicherheit bringen lassen. Vielleicht wird der Tag kommen, an dem ein Bergwanderer, ein Forscher oder ein umherstreifender Indio ihnen plötzlich Auge in Auge gegenübersteht. Vielleicht aber auch haben die Berge die Heimatlosen längst zu sich genommen, sie der Neugier der Wissenschaft und der Sensationsgier der Menschen für immer entrückt.

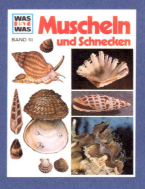

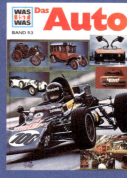

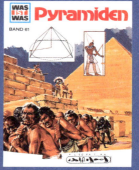

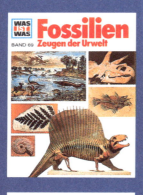
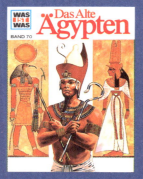
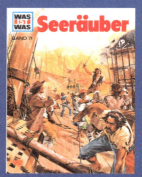

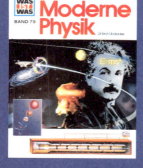

Die Reihe wird fortgesetzt.